山东省重点马克思主义学院建设经费资助项目

中共山东省委党校（山东行政学院）科研支撑项目成果

民主与政治

研究文稿

赵开开 苏童 ◎ 著

天津出版传媒集团

天津人民出版社

图书在版编目(ＣＩＰ)数据

民主与政治研究文稿 / 赵开开, 苏童著. -- 天津:
天津人民出版社, 2024.8
ISBN 978-7-201-19821-7

Ⅰ.①民… Ⅱ.①赵… ②苏… Ⅲ.①社会主义民主
—民主政治—研究—中国 Ⅳ.①D62

中国国家版本馆 CIP 数据核字(2023)第 181415 号

民主与政治研究文稿

MINZHU YU ZHENGZHI YANJIU WENGAO

出　　版	天津人民出版社
出 版 人	刘锦泉
地　　址	天津市和平区西康路35号康岳大厦
邮政编码	300051
邮购电话	(022)23332469
电子信箱	reader@tjrmcbs.com

责任编辑	武建臣
装帧设计	卢炀炀

印　　刷	天津新华印务有限公司
经　　销	新华书店
开　　本	710毫米×1000毫米　1/16
印　　张	14.75
插　　页	2
字　　数	200千字
版次印次	2024年8月第1版　2024年8月第1次印刷
定　　价	78.00元

前　言

"民主"一词最早可追溯至古希腊,由希腊词 Demos(城邦平民)和 Kratos(力量)组成。城邦平民意指整个公民实体,即全体人民,力量意指"权力""统治",两者结合起来的"民主"就是指人民的权力、人民的统治或多数人的统治。民主的主体是人民,民主与力量、权力密切相关,即人民掌握权力来进行统治。在随后的近 2500 多年里,民主的含义被搞得混乱不堪,出现了各种形形色色的"民主"。但是"民主是多数人民的统治"这一本源含义,仍得到了绝大多数人的认可。中华人民共和国成立之初,国家性质就被写入宪法——"人民当家作主的社会主义国家",即表明国家的主人是人民、国家的一切权力属于人民。

民主与社会主义是不可分割的,社会主义愈发展,民主也愈发展。什么是社会主义民主? 习近平指出:"社会主义民主的本质是人民当家作主,人民当家作主是社会主义民主政治的核心。"[①]在中国,社会主义民主的主体是最广大人民群众,社会主义民主的核心内容是人民当家作主,人民通过各种方式和形式参与国家、社会的管理。社会主义民主的根本目的是捍卫人民的利益,不断实现和满足人民的利益要求。社会主义民主明显有别于古希腊少数

---

① 习近平:《在庆祝全国人民代表大会成立 60 周年大会上的讲话》,《人民日报》,2014 年 9 月 6 日。

人的民主、封建君王贵族的民主和资本主义的金钱民主。民主起源于古希腊，但古希腊的民主是少数人的民主，权力几乎完全由贵族和奴隶主掌握，不属于人民，所以民主是少数贵族和奴隶主享有的民主。西方资本主义也有民主，然而资本主义民主在实质上仍是少数人的民主，少数富人、大财团的民主，资本主义民主在暗地里由"钱"所操控，民主成为"钱主"。社会主义民主是全体人民的民主，通过社会主义民主政治制度（人民代表大会制度、中国共产党领导的多党合作和政治协商制度、民族区域自治制度、基层群众自治制度等）汇集全体人民的意愿，使国家权力的运作按照全体人民的总体意愿来进行，使国家权力的运作以实现和捍卫全体人民的最大利益为根本目的。这是社会主义民主的巨大魅力，也是比较西方资本主义民主的巨大优势。

作　者

2023 年 7 月 28 日

目　录

社会主义民主基本理论

- 社会主义民主的真谛与实现路径
- 马克思主义民主观的新发展
- 人民利益是中国社会主义民主发展的根本动力
- 构建中国特色社会主义民主话语权

社会主义民主的真谛与实现路径

民主和社会主义是分不开的,民主会随着社会主义的发展,变得愈来愈重要。那么什么是社会主义民主的本质,发展社会主义民主重要性体现在哪里,如何发展社会主义民主?

一、社会主义民主:真谛、特征与评价标准

(一)社会主义民主的真谛:全社会要求的最大公约数

"民主"起源于古希腊,由"人民"和"权力"组成,表示人民的权力或人民的统治。民主和权力的归属有关,国家权力属于谁,谁就有民主,谁就能对国家的事情说了算。我国是社会主义国家,人民是国家的主人,一切权力属于人民,人民享有民主。

习近平指出:"人民当家作主是社会主义民主政治的本质和核心"[1],"中国共产党领导人民实行人民民主,就是保证和支持人民当家作主"[2]。社会主

---

① 习近平:《在庆祝全国人民代表大会成立 60 周年大会上的讲话》,《人民日报》,2014 年 9 月 6 日。

② 习近平:《在庆祝中国人民政治协商会议成立 65 周年大会上的讲话》,《人民日报》,2014 年 9 月 22 日。

义民主的本质就是人民当家作主。社会主义民主不同于古希腊的民主,古希腊贵族和奴隶主掌握着国家的权力,民主只属于他们,是少数人的民主。社会主义民主是多数人的民主。我国是社会主义国家,人民当家作主,一切权力属于人民,全体人民享有民主。社会主义民主不同于资本主义的民主,资本主义国家实际由财团控制,谁拥有更多的资本和财力,谁就能左右国家的事务。社会主义国家,一切财富属于人民,实行人民民主专政,这样的国家性质在根本上就确保了社会主义民主是所有人民的民主,是真正的民主。

社会主义民主的本质是人民当家作主,但并不是人人说了算,不是人人想怎样就怎样。如果民主可以随意,可以任性,那国家和社会就乱套了。习近平指出,社会主义民主"应该是人民利益的一种法制化的体现,而不是某一个阶层、某些人的随意性,也不是满足任何一些人、任何一个阶层提出的任何一个要求"①。社会主义民主是在法制的约束和保障下,综合社会整体的意愿,行使国家权力。习近平指明了人民民主的真谛:"在中国社会主义制度下,有事好商量,众人的事情由众人商量,找到全社会意愿和要求的最大公约数,是人民民主的真谛。"②习近平这句话的意思是,人民民主就是要在中国社会主义制度的框架内,在广大人民内部形成广泛的商量,统一思想,凝聚共识,按照人民群众意愿和要求的最大公约数来行使权力,这是中国社会主义民主的真谛。

(二)社会主义民主的特征

1.人民性

社会主义民主具有人民性。古希腊时期,奴隶主和贵族掌握着权力,民

---

① 习近平:《摆脱贫困》,福建人民出版社,1992年,第81页。

② 习近平:《在庆祝中国人民政治协商会议成立65周年大会上的讲话》,《人民日报》,2014年9月22日。

主就是维护奴隶主和贵族的利益,人民的利益得不到保障,这样的民主不具有人民性。在资本主义国家,大财团实际控制国家权力,大财团有着更多的民主,权力的运行更多的是维护财团的利益,资本主义的民主也不具有人民性。我国一切权力属于人民,社会主义民主的本质是人民当家作主,权力的运行以捍卫人民利益和保障人民的权利为核心,这样的民主才是具有人民性的。

中国共产党的宗旨是全心全意为人民服务。执政党这样的政治追求,就是认清了人民的重要性,以"民"为本,以服务人民为行动的出发点和落脚点。习近平明确指出:"各级国家机关及其工作人员,不论做何种工作,说到底都是为人民服务。"①毫无疑问,在这样的政治价值追求下,建设的社会主义民主才是具有人民性的。

2.实践性

社会主义民主具有实践性。人民让渡权力给国家,国家就要捍卫人民的利益,保障人民的权利。发展社会主义民主就是为了保障人民的利益和维护人民的权利。民主不去落实,就发挥不了作用,甚至会违背人民的意愿,侵犯了人民的利益,甚至会走向专制。人民对执政党政治权威的认同就会降低,甚至会反对执政党。因此社会主义民主是要实践的,人民当家作主要落实到行动上。习近平指出:"保证和支持人民当家作主不是一句口号、不是一句空话,必须落实到国家政治生活和社会生活之中。"②如果社会主义民主只是说说,而不去实践,那大可不必搞民主,白白浪费气力。民主是个好东西,只有做了,做好了,才能发挥出其应有的效果。

---

① 习近平:《在庆祝全国人民代表大会成立 60 周年大会上的讲话》,《人民日报》,2014 年 9 月 6 日。

② 习近平:《在庆祝中国人民政治协商会议成立 65 周年大会上的讲话》,《人民日报》,2014 年 9 月 22 日。

3.形式多样性

社会主义民主具有形式多样性。内容和形式是相辅相成、辩证统一的。内容要通过形式表现出来,形式要体现内容的本质。同一个内容可以有多种表现形式,社会主义民主也是有很多形式的。列宁指出要"彻底发展民主,找出彻底发展的种种形式,用实践来检验这些形式"[①]。从这里可以看出,列宁认为民主的形式不止一种,民主的实现形式是多样的。西方民主制度和中国社会主义民主制度在本质上是存在差异的,内容上也不尽相同,国家的情况也不相同,实现民主的形式当然也会有所不同。

就当前我国的民主形式来讲,选举民主和协商民主是两种重要的民主形式。但并不意味着我国民主就只能是这两种形式。民主在发展,随着不断的探索,我们会找到更多更好的保证和支持人民当家作主的民主形式。习近平指出:"实现民主的形式是丰富多样的,不能拘泥于刻板的模式。"[②]我们要继承本土民主发展的经验成果,并不断发扬,还要借鉴国外成功的民主经验,结合我国国情,不断探索社会主义民主的新形式。

4.目的和手段的统一性

社会主义民主具有目的和手段的统一性。社会主义民主是上层建筑,是一种政治文明,是中国共产党的政治诉求和奋斗目标。社会主义民主也是治国理政的手段。在毛泽东时期,就提倡用民主的手段解决人民内部矛盾。如今我们仍可以用民主的手段解决政治上的问题,习近平指出,我们要"切实保证国家的一切权力属于人民,以民主的制度、民主的形式、民主的手段支持和保证人民当家作主"[③]。早在2005年,习近平在浙江省纪委会议讲话中,就指出构建与发展社会主义民主政治相适应的惩治和预防腐败体系,用发

---

① 《列宁全集》(第31卷),人民出版社,2017年,第75页。

② 习近平:《在庆祝中国人民政治协商会议成立65周年大会上的讲话》,《人民日报》,2014年9月22日。

③ 中共中央宣传部编:《习近平总书记系列重要讲话读本》,人民出版社,2016年,第165页。

展民主来防止腐败。2014 年,习近平指出:"让人民监督权力,让权力在阳光下运行,把权力关进制度的笼子里。"①这就是用民主监督的手段来制约和规范权力的运行。社会主义民主既是政治文明追求,也是治国理政的手段,是目的和手段的统一。

(三)民主的评价标准:"八个能否""四个看"

社会主义民主是我们的政治追求和奋斗目标,民主发展达到了什么程度,需要一个评价标准。各个国家的民主内容不同,再加上民主形式的多样性,评价民主的标准也不是唯一的。鞋子到底合不合脚只有自己知道,如果非要给出一个评价,那么也只能是这个国家自己给自己的民主评价最准确。在庆祝全国人民代表大会成立 60 周年大会讲话中,习近平给出了"八个能否"的标准:"主要看国家领导层能否依法有序更替,全体人民能否依法管理国家事务和社会事务、管理经济和文化事业,人民群众能否畅通表达利益要求,社会各方面能否有效参与国家政治生活,国家决策能否实现科学化、民主化,各方面人才能否通过公平竞争进入国家领导和管理体系,执政党能否依照宪法法律规定实现对国家事务的领导,权力运用能否得到有效制约和监督。"②这"八个能否"标准立足中国实际,符合中国国情,给中国特色社会主义民主政治建设以正确引导。

这"八个能否"标准是从国家制度层面上讲的,具体到人民是否有民主权利,习近平在庆祝人民政协成立 65 周年讲话中给出了"四个看"的标准:"人民是否享有民主权利,要看人民是否在选举时有投票的权利,也要看人民在日常政治生活中是否有持续参与的权利;要看人民有没有进行民主选

① 《习近平关于党风廉政建设和反腐败斗争论述摘编》,中央文献出版社、中国方正出版社,2015 年,第 130 页。
② 习近平:《在庆祝全国人民代表大会成立 60 周年大会上的讲话》,《人民日报》,2014 年 9 月 6 日。

举的权利,也要看人民有没有进行民主决策、民主管理、民主监督的权利。"①这"四个看"的标准就是要我们警惕民主的形式主义,避免民主进入"休眠期",保证人民的民主权利贯穿整个民主过程。

这"八个能否""四个看"标准,可以衡量我国的社会主义民主发展程度,也指引着我国社会主义民主发展的方向,还激励着我们建设更好的社会主义民主政治。

二、社会主义民主的价值:民主之善、执政基石与复兴保障

(一)民主是个好东西

民主是个好东西。民主的反面是专制,就是由一个人或者少数人来治理国家。一个人或少数人治理国家,显然是能力有限的。民主就是多数人共同治理国家,三个臭皮匠顶个诸葛亮,这样的道理是明摆着的。民主是个好东西,不只是理论上的论断,也是人类在政治历史发展过程中的经验。俞可平在谈民主时说:"在人类迄今发明和推行的所有政治制度中,民主是弊端最少的一种。也就是说,相对而言,民主是人类迄今最好的政治制度。"②民主是个好东西,好东西当然要发展。

中国社会主义民主也是个好东西。能够捍卫人民的利益,维护人民的权利,使人民可以参与国家和社会的治理。还能够调节政党间的关系,使各民主政党能够表达自己的建议和意见,能够参与治国理政。还能够及时应对突发状况,高效率的处理困难和问题,维护社会稳定。习近平指出:"中国特色

---

① 习近平:《在庆祝中国人民政治协商会议成立 65 周年大会上的讲话》,《人民日报》,2014 年 9 月 22 日。

② 俞可平:《民主是个好东西》,《理论参考》,2007 年第 9 期。

社会主义民主是个新事物,也是个好事物。"①发展社会主义民主以来,中国经济不断发展,人民生活水平不断提高,社会越来越和谐稳定,这充分说明了中国特色社会主义民主的优越性和强大的生命力。社会主义民主是个好事物,好事物当然要珍惜和爱护,当然要继承下来不断发展。

(二)民主是共产党执政的基石

基础不牢,地动山摇。中国共产党始终重视民主,人民民主是中国共产党始终高举的旗帜。这是人民群众和各民主党派支持和拥护共产党执政的重要原因。中国共产党从诞生时起,就把建立民主共和国作为党的最低纲领,党的一大就确立了以民主为主旨的组织原则。经过民主革命,中国共产党带领中国人民走向胜利。在夺取全国政权之前,毛泽东提出用民主打破中国历史上"其兴也勃焉,其亡也忽焉"的历史周期率的战略思想,建立了人民当家作主的社会主义国家。

改革开放后,中国共产党对人民民主的认识更加深入。邓小平提出了"没有民主就没有社会主义,就没有社会主义的现代化"的科学论断。②江泽民在党的十六大报告中指出,发展社会主义民主政治,建设社会主义政治文明,是社会主义现代化建设的重要目标。胡锦涛在党的十七大报告中提出,人民民主是社会主义的生命,直接、准确表达了社会主义民主的重要性。

(三)中华民族伟大复兴的必由之路

习近平在庆祝全国人民代表大会成立 60 周年大会上的讲话中指出:"人民民主是社会主义的生命。没有民主就没有社会主义,就没有社会主义

---

① 习近平:《在庆祝全国人民代表大会成立 60 周年大会上的讲话》,《人民日报》,2014 年 9 月6 日。

② 《邓小平文选》(第二卷),人民出版社,1994 年,第 168 页。

的现代化,就没有中华民族伟大复兴。"①在继承的基础上,习近平提出了没有民主就没有中华民族伟大复兴的重要论断,这是习近平对民主思想的发展创新。

社会主义民主化是中华民族伟大复兴的应有之义。中华民族伟大复兴的基本内涵是国家富强、民族振兴、人民幸福,内容涵盖经济、政治、文化、科技、社会、军事、生态和国防等各个方面实现大发展、大繁荣、大文明。政治制度高度民主化就在内容含义之中,是中华民族伟大复兴中国梦的构成部分。

实现中华民族的伟大复兴,必须要发展社会主义民主。人民群众是历史的创造者,实现中华民族的伟大复兴,只能依靠人民的智慧和力量。人民群众是中华民族的主体,人民群众是实现中华民族伟大复兴的基础动力。要保证人民的权利和自由,大力发展社会主义民主,激发人民群众的热情,使人民群众积极主动地参与国家、社会的治理,才能发挥人民群众的创造力。我们要建设能够使人民更便利、更有效的治国理政的民主渠道、民主制度和民主机构,大力发展社会主义民主,集中广大人民的智慧,汇集广大人民的力量,不断推进中华民族伟大复兴的实现。

三、社会主义民主建设之路:"三统一""六个防止"与发展方式

(一)民主建设的根本原则:坚持"三统一"

建设社会主义民主政治,根本原则是要坚持党的领导、人民当家作主和依法治国有机统一。党的领导是人民当家作主和依法治国的根本保证,人民当家作主是社会主义民主政治的本质要求,依法治国是党领导人民治理国

---

① 习近平:《在庆祝全国人民代表大会成立 60 周年大会上的讲话》,《人民日报》,2014 年 9 月 6 日。

家的基本方略。党的领导、人民当家作主和依法治国有机统一，是中国共产党带领人民治国理政摸索出来的宝贵经验。习近平指出："在中国，发展社会主义民主政治，保证人民当家作主，保证国家政治生活既充满活力又安定有序，关键是要坚持党的领导、人民当家作主、依法治国有机统一。"①

"三统一"就好比人体的心脏，至关重要。坚持"三统一"，国家社会才能稳定，各方面才能有序运行。只有在这样的条件下，才能谈得上建设社会主义民主。党的领导是建设民主政治的根本保证，必须坚持发挥党的领导核心作用。只有在党的领导下，社会主义民主才能得到充分实现。离开党的领导，国家就会动乱，社会秩序就会混乱，就不会有真正的人民民主。人民当家作主是社会主义民主的本质，保证和支持人民当家作主这个根本目的不能变。依法治国是党领导人民治国理政的基本方略，建设社会主义民主必须在宪法和法律的范围内进行。离开了法治，民主就难以得到保障，就会出现无视法治和践踏人权的行为。

(二)民主道路的生成方式：内生性发展

建设社会主义民主必须立足中国国情，走中国特色社会主义民主道路。任何一个国家的政治制度都是在与本国历史和国情相结合、相适应的情况下创造出来的。世界上的国家不存在相同政治制度模式，原因就在于各个国家的国情不同，有着不同的历史文化传统和社会经济基础。在中国政治制度的发展过程中，有人提出将国外的政治制度套用在中国，搬来一座政治制度上的"飞来峰"，这是行不通的。习近平指出："中国特色社会主义政治制度之所以行得通、有生命力、有效率，就是因为它是从中国的社会土壤中生长起来的。中国特色社会主义政治制度过去和现在一直生长在中国的社会土壤

---

① 习近平：《在庆祝全国人民代表大会成立 60 周年大会上的讲话》，《人民日报》，2014 年 9 月 6 日。

之中,未来要继续茁壮成长,也必须深深扎根于中国的社会土壤。"①建设社会主义民主,要立足中国。

坚持中国自信,走中国特色社会主义民主道路,要坚持发展和完善人民代表大会制度、协商民主制度和基层民主制度。人民代表大会制度、协商民主和基层民主,都是在中国土壤里生长出来的。它们吸收了中国优秀文化传统,通过了历史和人民的选择,符合中国实际,适应中国复杂环境,有着独特优势和超强生命力。我们也要虚心学习,借鉴国外经验,结合本土实际,不断创新发展。

(三)民主的推进方式:渐进式发展

习近平指出:"民主的要求也是有阶段性的,不能超前化。"②民主是上层建筑,受到时代生产力的限制。

渐进式发展社会主义民主符合民主发展规律,符合中国人民的利益。目前我国的经济水平得到很大提高,但是我国仍处于社会主义初级阶段,民主要随着生产力的提高和人民整体素质的提高而逐渐发展,不能超越社会历史发展阶段。采用渐进的方式,可以先发展基层民主,让人民自我管理,直接行使民主权利,以基层民主带动上层民主。采用渐进的方式,可以充分发展党内民主,发挥党的先锋模范作用,以党内民主带动人民民主。采用渐进的方式,不断完善协商民主制度,在更大的空间内发展协商民主,用协商民主弥补人民代表大会制度的不足。

---

① 习近平:《在庆祝全国人民代表大会成立 60 周年大会上的讲话》,《人民日报》,2014 年 9 月 6 日。

② 习近平:《摆脱贫困》,福建人民出版社,1992 年,第 82 页。

(四)民主建设的保障：制度化、法律化

建设社会主义民主，需要法律和制度的保障。习近平指出："发展人民民主必须坚持依法治国、维护宪法法律权威，使民主制度化、法律化。"①早在古希腊时期，亚里士多德就提出了法治优于人治的观点。随着民主政治的发展，我们越来越认识到人治的缺陷，越来越强调法治的重要性。世界上不存在完美的人，任何人都会有弱点。面对利益，人有时会经不住诱惑，明知道存在风险，也会冒险一试，做出违法的行为；面对情感，人有时会失去原则，在血亲、亲情和友情面前常常不能保持理智，做出违法的行为。法治则不同，法律具有普遍约束性和强制执行性。法律面前人人平等，法律不会在利益面前发生改变，法律不会徇私情。民主和法治是不能分开的，没有了法律的保障，民主就失去保障。在建设社会主义民主的同时，必须推进法制建设。

制度也是如此。制度建设是治理国家的重要内容，"制度建设更带有根本性、稳定性和长期性"②，国家的长久有序运转，必须依靠制度建设。同样，建设社会主义民主必须要进行相应的制度建设。我们要不断完善现有的民主制度，坚持不断发展和完善人民代表大会制度、协商民主制度和基层民主制度。还要紧跟民主的发展，建立相适应的新制度，使民主发展能够得到及时有效的保障。

(五)发展民主的警惕："六个防止"

在发展社会主义民主的过程中，出现问题是不可避免的。习近平就讲过一个著名的"驴马理论"：为了使驴子跑得快，只给驴子换上马的蹄子，反而

---

① 习近平：《在庆祝全国人民代表大会成立 60 周年大会上的讲话》，《人民日报》，2014 年 9 月 6 日。

② 习近平：《之江新语》，浙江人民出版社，2007 年，第 68 页。

使驴子不如之前跑得快了。故事的道理就是说，民主发展不能只有民主选举，不能让民主在选举结束后就进入"休眠期"。习近平指出，"民主管理、民主决策、民主监督"同"民主选举"一样重要，一样关键，造成"选时有民主，选完没民主"，成为"半拉子"民主，反而把原有的秩序都搞乱了。[①]这是现存的问题之一，是建设民主要改进的地方。

在建设社会主义民主的进程中，习近平就可能出现的问题提出了"六个防止"，让我们提前警惕。防止出现群龙无首、一盘散沙的现象；防止出现选举时漫天许诺、选举后无人过问的现象；防止出现党争纷沓、相互倾轧的现象；防止出现民族隔阂、民族冲突的现象；防止出现人民形式上有权、实际上无权的现象；防止出现相互掣肘、内耗严重的现象。[②]这"六个防止"牵扯到党的地位、党派间的合作、民族的团结和人民的利益，这些都是国家长治久安的关键。

建设社会主义民主是重大工程，未雨绸缪，提前做好思想准备是很必要的。民主建设上出现了问题，往往会造成严重的后果，最终损害的是国家的利益和人民的幸福生活。建设社会主义民主，我们要如履薄冰，谨慎小心！

（此文原发表于《中共贵州省委党校学报》2015 年第 4 期，原题为《民主的真谛与实现路径：习近平民主思想论析》，此处略有改动）

---

① 习近平：《在庆祝全国人民代表大会成立 60 周年大会上的讲话》，《人民日报》，2014 年 9 月 6 日。

② 习近平：《在庆祝全国人民代表大会成立 60 周年大会上的讲话》，《人民日报》，2014 年 9 月 6 日。

马克思主义民主观的新发展

在中国特色社会主义民主实践中，马克思主义民主理论得以丰富和发展。表现在民主的本质上，强调人民当家作主、人民主体地位，丰富发展了马克思的民主本质思想。指出民主形式的丰富多样性，强调选举民主和协商民主是中国社会主义民主的两种重要形式，发展了马克思的民主的实现形式的思想。强调民主要制度化、法治化，指出要推进国家治理体系和治理能力现代化，继承和发展了马克思主义民主是一种国家制度的思想。创造性提出没有民主就没有中华民族伟大复兴，运用和发展了马克思民主价值观的思想。指出要健全权力运行的制约和监督体系，让人民监督权力，让权力在阳光下运行，发展了马克思人民监督制思想。强调立足中国实际，发展内生性民主，丰富和发展马克思民主是具体的、历史的思想。提出民主建设要借鉴国外民主政治积极因素，但不搬政治制度的"飞来峰"，发展了马克思扬弃资本主义民主的思想。

一、继承和发展了民主的本质和实现形式的思想

（一）马克思：民主就是人民主权，可通过直接或间接形式体现

马克思认为，民主的本质就是人民主权。在《黑格尔的法治学批判》中，马克思揭示了君主主权的虚伪，阐明了人民主权的真实。马克思指出，国家是抽象的，人民是具体的，国家是由一个个人组成的，人民拥有国家的主权，这是尽人皆知的道理。①马克思强调人民主体地位，指出人民是物质财富和精神财富的创造者，人民是社会变革和历史进步的决定力量。对于民主也是如此，马克思认为民主的主体是具体的、现实的人民，即人民民主。马克思指出，"在民主制中，国家制度本身就是一个规定，即人民的自我规定"②，国家制度是人的自由产物。马克思认为民主的含义就是人民主权、人民对自身事务的自我管理。

如何实现人民主权，马克思认为可以结合直接民主和间接民主这两种方式来实现。马克思在考察巴黎公社的民主实践时，曾高度赞誉巴黎公社实行的普选制度，而巴黎公社的普选制就是直接民主和代议民主的有机结合。人民可以直接参与公社事务，可以直接选举公务人员并可以随时罢免。公务人员对人民负责，随时接受人民监督。人民选举产生人民代表，在代表会议上处理人民的共同事务，各个代表会议又向上一级代表会议派出代表，每一个代表都受人民委托权限的约束，并且可以随时罢免。马克思评价巴黎公社民主制度说："公社给共和国奠定了真正民主制度的基础。"③

---

① 《马克思恩格斯全集》（第1卷），人民出版社，1956年，第278~280页。

② 《马克思恩格斯全集》（第1卷），人民出版社，1956年，第281页。

③ 《马克思恩格斯选集》（第三卷），人民出版社，2012年，第101~102页。

(二)新发展:民主的本质是人民当家作主,民主的形式丰富多样,选举民主和协商民主是重要形式

在庆祝全国人民代表大会成立 60 周年讲话中,习近平强调:"人民当家作主是社会主义民主政治的本质和核心。"①人民当家作主,一句话道破了社会主义民主的本质,直接明确了人民是国家的主人,人民有权实现和维护自身的利益。人民当家作主也体现了人民主体地位。习近平坚持人民主体的政治理念,始终把人民放在最高位置。不仅如此,习近平在党的十八届四中全会上,提出了"以民为本"的执政新理念,强调要进一步落实人民群众的主体地位,维护人民的民主权利。人民主权是指人民对国家事务的参与、决策和管理,体现了人民是国家的主人,也就是人民当家作主。马克思表述的人民主权思想实质就是人民当家作主,习近平强调的人民当家作主思想,就是对马克思主义民主观民主本质论的继承发展。

本质是唯一的,但本质的外在表现形式是多种多样的。民主也是如此,民主的本质是人民当家作主,人民当家作主的形式确是多样的。习近平指出:"实现民主的形式是丰富多样的,不能拘泥于刻板的模式。"②社会主义民主需要多种形式,并且一定存在、也可以通过多种形式来实现。如果将民主的实现形式单一化、固化,那么就会阻碍社会主义民主的发展,不利于人民更好地当家作主。习近平认为民主的具体实现形式是复杂多样的,并且要不断探寻更多的有利于实现人民当家作主的民主形式。

马克思认识到民主可以通过直接或间接的形式得到体现,习近平则把社会主义民主的具体形式进一步明确化。他指出:"人民通过选举、投票行使

① 习近平:《在庆祝全国人民代表大会成立 60 周年大会上的讲话》,《人民日报》,2014 年 9 月 6 日。

② 习近平:《在庆祝中国人民政治协商会议成立 65 周年大会上的讲话》,《人民日报》,2014 年 9 月 22 日。

权利和人民内部各方面在重大决策之前进行充分协商，尽可能就共同性问题取得一致意见，是中国社会主义民主的两种重要形式。"①这两种重要形式也就是具有中国特色的选举民主和协商民主，两种民主形式对贯彻落实人民当家作主具有重大意义。选举民主在中国主要体现为人民代表大会制度，人民选举产生人民代表，人民通过人民代表大会行使国家权力。习近平高度肯定人民代表大会制度，评价人民代表大会制度是"人类政治制度史上的伟大创造"②。协商民主是中国特有的、独特的民主形式，也是人民当家作主的重要实现形式。"协商"顾名思义就是众人对共同的事务表达自己的看法和建议，对共同的事务相互交流，最终商定出共同事务的处理办法和解决方案。协商民主就是在中国社会主义制度下，在人民内部形成广泛的协商，最终按照"全社会意愿和要求的最大公约数"做出决定。习近平创造性地提出，全社会公民意愿和要求的最大公约数就是社会主义民主的真谛。③而找到"全社会意愿和要求的最大公约数"的主要途径，就是要"多协商"，更好地发挥协商民主的作用，就是要不断发扬民主，更广泛地汇集人民的智慧，落实民主决策，真正做到人民当家做主。

二、继承和发展了民主是一种国家制度的思想

（一）马克思：民主是一种国家制度

马克思认为民主是人民的权利，在形态上则是一种国家制度。正如列宁

---

① 习近平：《在庆祝中国人民政治协商会议成立65周年大会上的讲话》，《人民日报》，2014年9月22日。

② 习近平：《在庆祝全国人民代表大会成立60周年大会上的讲话》，《人民日报》，2014年9月6日。

③ 习近平：《在庆祝中国人民政治协商会议成立65周年大会上的讲话》，《人民日报》，2014年9月22日。

所说:"民主是一种国家形式,一种国家形态。"①在这个意义上,民主即"民主制"。马克思明确指出:"民主制是作为类概念的国家制度","是国家制度一切形式的猜破了的哑谜","是一切国家制度的实质"。②国家制度是一种规定,也就是人民的自我规定,国家制度本身就是人的自由产物。马克思认为民主是一种国家制度,并且这种国家制度,即民主制,是历史上的、在全世界的所有国家和人民所追寻的最本质的、最实质的形式。马克思强调要认清国家制度和人民的本质关系,不是国家制度规定的存在的人,而是人的自我规定的国家制度。也就是说民主作为一种国家制度是为人民服务的,是为了维护人民的权利和利益,是为了实现人的全面自由。

(二)新发展:使民主制度化、法制化,实现国家治理现代化

民主是一种国家制度,马克思的这一重要思想对当代社会主义民主建设具有重大启示:民主建设首要的是现代国家制度的建构。这些思想为包括习近平在内的当代中国共产党人所继承,并在新的历史条件下加以创新发展。主要体现在以下三个方面:

1.制度对民主政治建设具有决定意义

习近平强调,"制度问题更带有根本性、全局性、稳定性、长期性"③,制度对社会主义民主的发展具有同样的作用。民主不是任性,不是任何人打着民主的名义想怎样就怎样。如果民主可以随意而为,人人只顾自己的利益,而不管不顾其他,那么社会就会乱套。所以,必须规范民主,用制度来规范民主。有了制度,就可以使民主不因人的任性而造成国家社会的混乱。民主作为一种国家制度,可通过对民主制度本身的建设,来规范民主,维护和保障

---

① 《列宁选集》(第三卷),人民出版社,1972年,第257页。

② 《马克思恩格斯全集》(第1卷),人民出版社,1956年,第280~281页。

③ 习近平:《积极借鉴历史上优秀廉政文化 不断提高拒腐防变和抵御风险能力》,《人民日报》,2013年4月21日。

人民的民主权利。这对社会主义民主的发展具有决定性意义。

2.民主建设要着力民主的制度化、法治化

习近平指出,民主"是人民利益的一种法制化体现"①,发展人民民主必须"使民主制度化、法律化"②。制度和法律对民主具有重要的保障作用,要健全民主制度和相关法律,并贯彻落实民主制度和法律法规。怎样落实民主的制度化、法治化? 首先,就是在党的领导下,坚持和完善人民代表大会制度、多党合作和政治协商制度、民族区域自治制度和基层群众自治制度等国家制度。这些制度是中国社会主义民主制度的大框架,坚持和完善这些制度对实现民主的制度化具有重要意义。其次,要坚持依法治国,不断完善我国的法律法规,用法律保障民主,维护人民的权利和利益。在科学立法的基础上,健全我国的法律体系,不断做到严格执法和司法公正,最终实现全民守法。最后,在全社会范围内培养广大公民的民主意识、制度意识、法律意识,在公民"意识"上,为民主制度化、法治化的实现提供无穷动力。

3.要实现国家治理现代化,即"制度的现代化"

国家治理现代化就是国家治理体系和治理能力的现代化,实质上是"制度的现代化",即国家制度和制度执行能力的现代化。③习近平指出:"国家治理体系和治理能力是一个国家制度和制度执行能力的集中体现。国家治理体系是在党领导下管理国家的制度体系……是一整套紧密相连、相互协调的国家制度;国家治理能力是运用国家制度管理社会各方面事务的能力。"④推进国家治理体系和治理能力现代化就是为了更好地发展社会主义,更好地建设社会主义民主政治,更好地贯彻落实人民当家作主。我国的国家治理

①　习近平:《摆脱贫困》,福建人民出版社,1992 年,第 81 页。

②　习近平:《在庆祝全国人民代表大会成立 60 周年大会上的讲话》,《人民日报》,2014 年 9 月 6 日。

③　习近平:《切实把思想统一到党的十八届三中全会精神上来》,《求是》,2014 年第 1 期。

④　习近平:《切实把思想统一到党的十八届三中全会精神上来》,《求是》,2014 年第 1 期。

体系和治理能力总体上是好的,但还有许多亟待改进的地方。

如何推进国家治理体系和治理能力现代化,习近平强调,要不断完善和发展中国特色社会主义制度,要坚持不断深化改革。通过改革舍弃不符合社会主义民主政治发展的体制机制和法律法规,通过改革不断创立新的体制机制和法律法规,使社会主义制度更加科学、完善,使公共事务的治理更加制度化、规范化和程序化。习近平指出,要按制度办事、依法办事,要善于运用制度、法律治理国家,要把制度优势转变为治理国家的效能,提高党科学执政、民主执政、依法执政水平①。

三、继承和发展了"民主就是社会主义"的思想

(一)恩格斯:民主就是社会主义

关于民主对社会主义的重要性。恩格斯在 1845 年就指出:"民主就是共产主义。"②恩格斯所说的共产主义,也可以说是社会主义,因为马克思和恩格斯一般将这两者看作是相同意思。恩格斯将民主就等同于社会主义,可见民主对社会主义的重要性。列宁肯定了恩格斯的论断,他指出:"不实现民主,社会主义就不能实现。"③列宁强调这句话包括两个意思:一是无产阶级如果不在民主斗争中为社会主义革命做好准备,就不可能实现社会主义革命的胜利;二是即使社会主义革命胜利了,如果不实行充分的民主,就不可能保持社会主义革命所取得的胜利。民主对社会主义的重要性不言而喻。毛泽东就是以马克思、恩格斯、列宁民主思想为指导,领导中国人民建立了人

---

① 习近平:《切实把思想统一到党的十八届三中全会精神上来》,《求是》,2014 年第 1 期。

② 《马克思恩格斯全集》(第 2 卷),人民出版社,1957 年,第 664 页。

③ 《列宁全集》(第 23 卷),人民出版社,1958 年,第 70 页。

民当家作主的社会主义新中国。新中国成立后社会主义国家要摆脱贫穷落后，要走向现代化。随着发展，邓小平认识到："没有民主就没有社会主义，就没有社会主义的现代化。"①邓小平的这句话表明，现代化的实现离不开民主，民主对现代化具有重要意义。这是对马克思主义民主的重要发展。认识总是随着实践而不断深化，随着对社会主义的不断发展与建设，胡锦涛在党的十七大报告中指出："人民民主是社会主义的生命。"②这是对马克思主义民主的重要发展。胡锦涛表达的意思很明确，社会主义民主的发展和建设关系到党和国家的生死存亡，是中国特色社会主义事业成败的关键。这时我们对社会主义民主重要性的认识已经提升到了关系党和国家生死存亡的高度。

（二）新发展：没有民主就没有中华民族的伟大复兴

习近平对社会主义民主有了更加深刻的认识，在庆祝人民代表大会制度成立60周年的讲话中，习近平指出："人民民主是社会主义的生命。没有民主就没有社会主义，就没有社会主义的现代化，就没有中华民族伟大复兴。"③习近平继承了马克思主义"民主就是社会主义""不实现民主，社会主义就不能实现"的民主重要性思想，又吸收了马克思主义民主中国化的新成果，继承了"没有民主就没有社会主义现代化""人民民主是社会主义的生命"重要思想。在继承的基础上，习近平又进一步发展了马克思主义民主思想，提出"没有民主就没有中华民族的伟大复兴"，明确指出社会主义民主对中华民族伟大复兴具有至关重要的作用，中华民族伟大复兴离不开社会主义民主的发展。

---

① 《邓小平文选》（第二卷），人民出版社，1994年，第168页。
② 胡锦涛：《高举中国特色社会主义伟大旗帜 为夺取全面建设小康社会新胜利而奋斗——在中国共产党第十七次全国代表大会上的报告》，《求是》，2007年第21期。
③ 习近平：《在庆祝全国人民代表大会成立60周年大会上的讲话》，《人民日报》，2014年9月6日。

我国是人民当家作主的社会主义国家,人民是国家的主人,实现中华民族的伟大复兴要发挥人民群众的主体性作用,人民民主参与,集中广大人民的智慧和力量。社会主义民主作为一种理论,为中华民族的伟大复兴提供道路指引。必须要坚定不移地走中国特色社会主义民主政治道路,要切实保障人民的权利、切实维护人民的利益,使人民自由、幸福。社会主义民主作为一种制度,为中华民族的伟大复兴提供保障。人民代表大会制度是我国的根本政治制度,坚持和发展人民代表大会制度是国家发展乃至振兴的基本前提。要不断完善和发展中国特色社会主义民主制度,为实现中华民族伟大复兴打下坚实的民主基础。习近平深刻认识到社会主义民主对实现中华民族伟大复兴的重要作用,继承和发展了马克思主义民主思想。

四、继承和发展了人民监督制的思想

(一)马克思:权力来自人民,必须受人民监督

为什么权力需要人民监督,马克思、恩格斯是从国家与社会关系的角度来论述的。马克思认为国家是社会发展的产物,为了解决社会发展的自我矛盾,使经济利益冲突的各方不至于在斗争中使自己和社会毁灭,需要一种控制、协调的力量。这种力量凌驾于社会之上,这种力量能够缓和冲突,把冲突保持在"秩序"的范围以内;这种力量从社会中产生但又自居于社会之上,并且日益同社会相异化,这种力量就是国家。①马克思所表达的意思是,社会为了维护其健康存在而构建出国家,并将权力交付给国家,让国家管理社会。也就是说国家是由社会需要产生的,社会理应对国家权力进行监督。社会的

---

① 《马克思恩格斯选集》(第四卷),人民出版社,1995年,第170页。

主体是一个个具体的人民,实际上是人民将权力让渡给国家,也就是人民理应对国家权力进行监督。

对于人民如何监督国家权力,马克思认为:一是要使人民普遍参与立法,用法律落实人民的意志;二是要扩大人民的选举权和罢免权,确保人民紧握权力。马克思高度评价巴黎公社的人民监督制度。巴黎公社的公职人员全部由人民选举产生,并且人民可以随时罢免不负责任的公职人员。公职人员任职后必须要接受人民的监督,要随时接受人民的质询,并及时向人民汇报有关工作,保持与人民的密切联系。公社的所有信息都对人民公开,"公社可不像一切旧政府那样自诩绝不会犯错误"[①],即使是错误、缺点也一律进行公开。马克思认为,巴黎公社是权力完全在人民监督下的人民民主政体。

(二)新发展:健全权力制约和监督体系,让人民监督权力,让权力在阳光下运行

1.强调权力必须接受人民监督

习近平担任国家主席后,首次讲话就谈到人民监督:"我将忠实履行宪法赋予的职责,忠于祖国,忠于人民,恪尽职守,夙夜在公为民服务,为国尽力,自觉接受人民监督。"[②]可见,习近平深知权力来源于人民,权力的运行要对人民负责并受人民监督。在十八届中央纪委二次全会上,习近平再次强调:任何人都没有法律之外的绝对权力。公职人员是代表人民行使权力的,要确保公职人员负责任的工作,要对公职人员加强监督,尤其是要对领导干部加强监督,要对领导干部一把手加强监督。对公职人员、领导干部、"一把手"权力的使用进行监督,是社会主义民主的必然要求,是人民当家作主的

---

① 《马克思恩格斯选集》(第三卷),人民出版社,1995 年,第 65 页。
② 习近平:《在第十二届全国人民代表大会第一次会议上的讲话》,《人民日报》,2013 年 3 月 18 日。

必然要求。习近平指出:"加强对干部的监督,是对干部的爱护。放弃了这方面责任,就是对党和人民、对干部的极大不负责任。"①对干部进行监督,可以提醒干部做事要本着为人民服务的宗旨,权力的运用要符合人民的利益要求。对干部进行监督,可以激励干部廉洁奉公,使干部消除权力腐败获利而可以逍遥法外的侥幸心理。监督和信任是两码事,领导干部要树立正确的认识。习近平在谈论"监督"和"信任"时,明确指出"各级领导干部要纠正那种监督就是不信任的观念,增强主动接受监督的意识和依法依规保护监督的意识,自觉把自己置于党和人民事业所要求的各种监督之下"②。

2.健全权力运行的制约和监督体系

习近平指出,要健全权力运行的制约和监督体系,让人民监督权力,让权力在阳光下运行。权力腐败会对国家和人民造成巨大的损害,必须要对权力进行全方位的监督。首先,要使权力运行公开化。只有公开化,让权力在阳光下运行,才能更好地发挥人民的监督作用。其次,要加强党内监督、人大和政协监督。中国共产党是执政党,党内监督要发挥好模范、指导作用,以党内监督带动人民监督。对于党内监督,习近平指出,要"增强党内监督的针对性、有效性和可操作性"③。党内监督不能无的放矢、只喊口号,要做到"可监督""能监督""会监督",真正发挥出党内监督的作用。我国的权力机关是人民代表大会,要支持人大的监督职权,发挥人大的监督作用。人民政协是人民监督的重要渠道,习近平指出,要加强人民政协民主监督,完善民主监督的体制机制。④习近平强调,中国共产党作为执政党要容得下批评,各民主党派和民主人士作为重要监督力量要讲得了真话, 只有都负起责任才能做到

---

① 《十八大以来重要文献选编》(上),中央文献出版社,2014年,第138页。

② 习近平:《扎实做好保持党的纯洁性各项工作》,《求是》,2012年第6期。

③ 习近平:《以科学发展观为统领 推进反腐倡廉工作》,《浙江日报》,2005年11月17日。

④ 习近平:《在庆祝中国人民政治协商会议成立65周年大会上的讲话》,《人民日报》,2014年9月22日。

真正的民主监督。人大监督制度和政协监督制度是人民监督的两种重要制度,要坚持和不断完善两种监督制度。再次,要加强法律监督。通过科学立法、严格执法和司法公正,保障人民的民主监督权利。要完善法律的监督体系,使人民能通过有效渠道监督权力运行。最后,要支持社会舆论监督。社会舆论监督是人民行使民主监督权利的一种直接方式,习近平指出要以"闻过则喜"的积极态度来接受社会舆论批评。对社会舆论监督不仅要支持,还要加以引导,使社会舆论立足客观事实。如果人云亦云、肆意捏造传播,那么社会舆论只会起到消极作用,也就谈不上监督了。

五、丰富发展了民主都是具体的、历史的思想

(一)马克思:不能抽象的谈论民主,民主都是具体的、历史的

马克思认为民主不是抽象的,而是具体的。马克思反对抽象的谈论民主,指出民主不可能离开具体的、客观的社会而存在。在古希腊表现为贵族和奴隶主的民主,在封建社会表现为君主的民主,在资本主义社会表现为资本大财团的民主。民主都是具体的,不可能抽象的存在。马克思认为民主是历史的,民主是历史发展的产物,会随着历史的不断发展而不断变化,民主是一个变化的、动态的历史过程。当历史发展到一定阶段,民主就会随着国家的消失而消失。马克思甚至做出过明确断定:"有朝一日,民主政治本身也终将在人类社会中消亡。"①在民主发展的动态历史过程中,民主会有各种各样的形式。列宁曾指出:"彻底发展民主,找出彻底发展的种种形式,用实践来检验这些形式。"②关于民主的形式,马克思在总结巴黎公社经验时指出,

---

① 《马克思恩格斯全集》(第3卷),人民出版社,2002年,第41页。
② 《列宁全集》(第31卷),人民出版社,1985年,第75页。

巴黎公社是真正的无产阶级民主形式。列宁也高度认同巴黎公社的民主模式，但在民主的具体实践中，列宁认识到不可能在苏联再建立一个巴黎公社。正如马克思指出的那样，民主是具体的、民主是历史的。

(二)新发展：扎根中国社会土壤，内生性发展民主，渐进改革

习近平重视历史和现实，认为世界上不可能所有国家都统一推行一种相同的政治制度，也不可能有适用于一切国家的政治制度模式。为什么会是这样的，习近平解释道：世界上每个国家的国情都不同，"每个国家的政治制度都是独特的，都是由这个国家的人民决定的，都是在这个国家历史传承、文化传统、经济社会发展的基础上长期发展、渐进改进、内生性演化的结果"[①]。这与马克思指出的民主是具体的、历史的，在内容本质上是一样的。民主不可能会存在两种完全相同的模式，原因就是世界上不存在两个完全相同的时空。不同的国家有着不同的历史，不同的社会有着不同的状态，不同的人民有着不同的文化传统。

具体到中国，发展民主，中国必须要走中国特色社会主义民主道路。中国特色社会主义民主不是凭空出来的，是中国历史发展的选择，是中国人民自己的选择。习近平指出："中国特色社会主义政治制度之所以行得通、有生命力、有效率，就是因为它是从中国的社会土壤中生长起来的。"[②]过去是如此，现在也是如此。在未来的发展中，中国特色社会主义政治制度要继续茁壮成长，也必须要坚持扎根于中国社会土壤。中国特色社会主义政治制度的具体、历史，体现在人民当家作主，体现在人民代表大会制度、多党合作和政

---

① 习近平：《在庆祝全国人民代表大会成立 60 周年大会上的讲话》，《人民日报》，2014 年 9 月 6 日。

② 习近平：《在庆祝全国人民代表大会成立 60 周年大会上的讲话》，《人民日报》，2014 年 9 月 6 日。

治协商制度、基层民主自治制度等。我国是人民当家作主的社会主义国家，人民是国家的主人。人民通过人民代表大会行使国家权力，确保人民当家作主的地位。中国共产党是执政党，与各民主党派携手合作，共同治国理政。在基层，人民直接管理自己的事务，贯彻落实人民民主。发展民主，必须要坚持中国特色社会主义政治制度，立足中国国情，扎根中国土壤。

六、丰富发展了扬弃资本主义民主制度的思想

（一）马克思：借鉴资本主义民主政治制度的合理成分

马克思对资本主义制度进行过科学辩证的分析，曾深刻揭露和批判了资本主义制度的本质。马克思指出："资本主义来到世界上，从头到脚每一个汗毛孔都滴着肮脏的血和肮脏的东西。"[①]在批判资本主义的同时，马克思从来没有全盘否定资本主义，从来没有认为资本主义一无是处，而是肯定了其历史进步性。在《共产党宣言》中，马克思充分肯定了资本主义的积极作用。马克思指出："资产阶级在它的不到一百年的阶级统治中所创造的生产力，比过去一切世代所创造的全部生产力还要多，还要大。"[②]这种生产力大大促进了社会的发展和人类文明的进步。虽然马克思肯定了资产阶级在历史上的革命性作用，但是他仍认为资本主义的灭亡和社会主义的兴起是无法避免的。

同对整个资本主义制度进行辩证分析一样，马克思对资本主义民主政治也进行了辩证分析，并采取了"扬弃"的态度。马克思认为民主、自由、平等是人类的共同价值追求，这些有利于促进人的全面自由发展。资本主义追求

---

① 《马克思恩格斯全集》（第23卷），人民出版社，2003年，第829页。
② 《马克思恩格斯选集》（第一卷），人民出版社，2012年，第405页。

民主是对的,追求自由、平等也是值得肯定的。但是马克思深刻指出,资本主义所追求的只是形式上的民主,并不是真正的民主。无论是资本主义民主的议会制还是君主立宪制,在根本上是资产阶级对人民的专制统治。资本主义民主只是资产阶级专制的手段,在本质上是维护资产阶级的利益,人民并没有享受真正的民主。社会主义民主政治道路该如何走,马克思指出:"不通过资本主义制度的卡夫丁峡谷,而占有资本主义制度所创造的一切积极的成果。"①马克思认为,发展社会主义民主政治,可以借鉴资本主义民主政治制度的合理成分,但不能搞资本主义民主那一套。

(二)新发展:民主政治发展要借鉴国外经验,但不搞政治制度的"飞来峰"

1.虚心学习西方先进民主经验,绝不照抄照搬

习近平在庆祝全国人民代表大会成立 60 周年大会上,谈到中国民主发展的进程,他指出:"照搬西方政治制度模式的各种方案,都不能完成中华民族救亡图存和反帝反封建的历史任务,都不能让中国的政局和社会稳定下来,也都谈不上为中国实现国家富强、人民幸福提供制度保障。"②习近平强调发展社会主义民主政治不能照抄照搬西方政治制度,要借鉴西方政治文明的积极成果,但绝不能搬政治制度的"飞来峰"。政治制度"飞来峰"是不可取的,也是无法想象的。资本主义民主是在资本环境中发展的,有其自身存在的合理的原因。但是资本主义民主只是形式上的民主,不是真正的民主,是被金钱操控下的政治运作。资本主义民主并不是全部都是不可取的,资本主义民主也有积极的因素,也有健康有益的部分。但是绝对不可以片面地、盲目地看问题,绝对不可以照抄照搬西方民主的政治制度。习近平认为照抄

---

① 《马克思恩格斯文集》(第三卷),人民出版社,2009 年,第 578 页。
② 习近平:《在庆祝全国人民代表大会成立 60 周年大会上的讲话》,《人民日报》,2014 年 9 月 6 日。

照搬根本行不通,对国家和人民是不利的。

2.不能放弃中国民主政治制度的根本,树立对中国式民主的自信

中国社会主义民主的发展,要扎根本国社会土壤,要根据自己的历史和人民的选择,发展具有中国特色的社会主义民主。橘生淮南则为橘,生于淮北则为枳。原因就是两地环境不一样,水土不服导致的。习近平指出,"我们需要借鉴国外政治文明有益成果,但绝不能放弃中国政治制度的根本"①。我们虽然要虚心学习西方民主的积极成分,但更要坚持发展中国特色社会主义民主。我们要将国外的好东西转化为自己的好东西,要独立自主地消化吸收,不能听任别人的指手画脚。切勿囫囵吞枣、邯郸学步,到头来断送了国家的前途、命运和人民的幸福生活。习近平指出,要坚持发展中国特色社会主义民主,不断发展和丰富中国社会主义民主理论,不断完善中国社会主义民主制度。我们要借鉴西方民主的积极成果,更要树立中国社会主义民主的道路自信、理论自信、制度自信和文化自信。

(此文原发表于《山东行政学院学报》2016 年第 2 期,原题为《习近平对马克思主义民主观的新发展》,此处略有改动)

---

① 习近平:《在庆祝全国人民代表大会成立 60 周年大会上的讲话》,《人民日报》,2014 年 9 月 6 日。

人民利益是中国社会主义民主发展的根本动力

从古至今，无论中外，利益是人类一切行动的动力。人们为了争取自己应有的权力，保障自己的利益不受侵害而努力奋斗着。在我国这样的社会主义国家，人民民主就是社会主义的生命。只有充分认识到人民利益作为社会主义民主发展根本动力的重要性，才能更好地推动我国民主的进程，真正实现人民当家作主。在厘清利益与民主的概念以及二者关系的基础上，进一步分析人民利益对中国社会主义民主发展的推动作用，并对现实中出现的问题及应对措施加以探究。

一、利益是民主发展的根本动力

（一）厘清概念：利益是需要得到满足，民主是人民的统治

厘清利益与民主的关系，首先要搞清楚利益是什么。利益是在一定生产基础上获得了社会内容和特性的需要①，利益是需要得到满足的。从需要产生到需要满足的过程，就是从追求利益到实现利益的过程。需要是人与生俱

---

① 王浦劬：《政治学基础》，北京大学出版社，2006年，第47页。

来的,马克思指出,"他们的需要即他们的本性"①,即追求利益是人的本性,利益是人一切行为的最初原因和根本动力。从这一意义上说,人类历史就是人类不断满足需要的历史,就是人类不断追求利益并不断实现利益的历史。需要是多样性的,人有各种各样的需要,成千上万,不胜枚举。需要是有层次的,在最基本的生存需要得到满足后,才可以实现下一个更高级的需要。正如马斯洛所言,人有生理需求、安全需求、归属需求、尊重需求,最后到自我实现,从底层次到高层次,逐级上升。在这里需要特别指出的是,利益并不只是物质上的满足,还包括精神上的满足,包括美好理想和崇高价值的满足。总体来看,人的需要的本性和需要的多样性、层次性,决定了人的追求利益的本性和利益的多样性、层次性。人类有一个共性,就是趋利避害,这是人类的理性。当实现利益的成本或是风险越是小于利益本身时,人们就越是倾向于去实现利益;当实现利益的成本或是风险越是大于利益本身时,人们就越是倾向于回避利益。理性可以避免盲目地追求利益,但是无法抹掉人追求利益的本性。

厘清利益与民主的关系,还要弄清楚民主是什么。"民主"源自古希腊,由"人民"和"统治"构成,意指人民的统治。在之后的民主发展史中,"民主"被西方学者搞得混乱不堪。荷兰学者斯宾诺莎认为,"在民主政体里,所有的或大部分的人民集体握着权柄"②,民主是由多数人掌握权力。法国政治思想家托克维尔的民主具有多重含义,认为民主是平等、自由、人民主权、代议制政府和行政分权,托克维尔的民主没有形成统一、标准的概念。③奥地利学者熊彼特认为"民主是一种政治方法,为达到政治决定而作出的某种形式的制

---

① 《德意志意识形态(节选本)》,人民出版社,2018年,第120页。
② [荷兰]斯宾诺莎:《神学政治论》,温锡增译,商务印书馆,1963年,第271页。
③ 辛向阳:《19世纪西方民主理论论析》,山东人民出版社,2013年,第49页。

度安排"①,民主是一种政治方法,是制度安排。美国学者卡尔·科恩阐述"民主是一种社会管理体制,在该体制中社会成员基本上能参与、影响全体成员利益和行为的决策过程"②,民主是方式方法,民主过程是参与行为。美国政治学家罗伯特·达尔认为民主就是设计一套规则和原则、一部宪法来规定决策方式。③萨托利认为民主只意味着政治民主,民主作为一种政治形态以政治自由为前提。④虽然民主的概念五花八门,但是"民主是人民的统治"这一民主的基本含义是被广泛接受和认可的。马克思主义就直接明确地指出,民主就是人民的统治,在本质上就是人民当家作主。

(二)利益与民主的关系:利益是民主的动因,利益是民主的目的

利益和民主是通过权力发生紧密联系的。民主是人民的统治,实现了统治就意味着拥有了政治权力。政治权力在本质上是一种强制力量,这种强制力量就是为了实现和维护利益的。历史上的政治斗争,无非是谁要争夺政治权力,政治权力要实现谁的利益。民主的本质是人民的统治,意味着权力属于人民,政治权力的最终目的是实现和维护人民的利益。实现了人民民主,人民利益就能更好得以实现和维护。没有人民民主,人民利益很难在没有权力保障的情况下得到实现和维护。人民民主是人民利益表达和人民利益实现的一个正当性的且强有力的支持。从根本上来讲,人民是出于对利益的追求,而不仅仅是对民主本身的追求,人们才会对民主无限追求和无限向往。正如王长江指出的:"归根到底,激发人民的民主诉求的是利益,有利益就有民主,利益到哪里,民主就扩大到哪里。"⑤

① [美]熊彼特:《资本主义、社会主义与民主》,吴克峰等译,商务印书馆,1999年,第359页。
② [美]科恩:《论民主》,聂崇信、朱秀贤译,商务印书馆,1994年,第10页。
③ 辛向阳:《20世纪西方民主理论论析》,山东人民出版社,2011年,第3页。
④ [美]乔万尼·萨托利:《民主新论》,冯克利译,东方出版社,1993年,第14页。
⑤ 王长江:《民主是良好政治生态的要件》,《探索与争鸣》,2015年第6期。

1.从纵向上看,利益追求推动民主的发展

民主发展的历史,就是人民为利益做斗争的历史。人们对利益的不断追求,实现了民主由"坏东西"到"好东西"的转变。在 2500 年的民主历史上,民主在前 2000 多年一直是个"坏东西",在近百年才成为"好东西"。从古希腊民主兴盛时期开始,苏格拉底、柏拉图、亚里士多德等,以及后来的诸多学者对民主就持有一种否定的、批判的态度,将民主看作是"平民的统治""穷人的统治",甚至是"暴民的统治"。这样的观点基于一个认识,人民普遍没有知识、能力、文化、素质,无法实现良好的统治,只会使统治更加糟糕。从民主的对立角度来看,民主对剥削人民利益、注重自身利益的奴隶社会的奴隶主、封建社会的地主和资本主义社会的资本家、大财团而言,就是个坏东西。而民主最终还是实现了由"坏东西"向"好东西"的转变。因为民主符合人民的利益,在人民看来民主是个好东西。人民是历史的主体,人民为了自身的利益总会不断地追求民主、实现民主、捍卫民主。在人民不断地进行利益斗争的作用下,民主总会向着有利于人民利益的方向发展。民主潮流,浩浩荡荡,顺之者昌,逆之者亡。资本主义渐渐认识到,人民的民主要求难以逆转。然而资本家、大财团为了维护自身的利益"打着民主的旗帜反民主"。扭曲民主,在"民主"前面加"自由""宪政"等漂亮修饰词,搞"自由民主""宪政民主"等形式民主,以此限制民主、驯化民主、阉割民主,在本质上是反民主。列宁指出:"从专制到民主,从低级民主到高级民主,从较高级民主到更高级民主,从民主到民主的消亡,这是民主发展的辩证法。"①社会主义民主是人民当家作主,是内容与形式的统一。社会主义民主致力于实现和维护广大人民群众的利益,这是社会主义民主的巨大魅力所在,也是广大人民群众追求社会主义民主的原因。

---

① 《列宁全集》(第 31 卷),人民出版社,1985 年,第 156 页。

2.从横向上看,利益是民主发展的根本动力

民主成为"好东西"后,便有学者研究促进民主发展的因素。在研究的诸多因素中,经济发展和人民素质是典型因素代表。民主与经济发展、人民素质等因素有一定的关系,但是没有可靠的证据证明,也几乎没有学者坚持认为,这些因素与民主发展有着必然的因果关系。

第一,民主发展与经济增长不存在线性关系。在研究经济发展与民主的关系的学者中,利普赛特得出的结论认可度较高。利普赛特在阐述民主发展与经济增长的关系时,指出民主出现与经济发展水平紧密相关,经济发展是民主政治的必要条件,经济发展水平越高越有可能实现和巩固民主。[①]利普赛特认为经济发展有利于实现民主政治,经济发展有利于促进民主的发展。亨廷顿的观点与利普赛特不同,亨廷顿认为经济增长和社会发展不仅不可能导致民主,相反可能会造成社会的不稳定。[②]"转型理论之父"罗斯托则认为,经济现代化与民主化可能仅仅是相关关系,未必存在因果关系。[③]罗伯特·达尔认为经济增长与民主是非线性关系,只有在特定的条件下,经济增长才会促进民主发展。[④]"钻石先生"戴蒙则认为,经济发展与民主存在很强的正相关关系,但是仅靠经济增长未必会导致民主。[⑤]但是几乎没有学者坚持认为经济增长与民主发展存在线性关系。诸多学者在谈论经济增长与民主发展的关系时言语上多采用"可能""特定""未必",用词都很严谨。经济增长可以为民主发展提供一定的物质基础,但是不是民主发展的根本动力。

第二,民主发展与人民素质无直接正相关关系。关于民主发展与人民素质的关系,阿尔蒙德和沃巴认为,当人们普遍有自信、对他人愿意宽容、对政

---

① 王绍光:《民主四讲》,生活·读书·新知三联书店,2008年,第81页。

② [美]亨廷顿:《变革社会中的政治秩序》,王冠华译,上海人民出版社,2008年,第264页。

③ 王绍光:《民主四讲》,生活·读书·新知三联书店,2008年,第81页。

④ [美]罗伯特·达尔:《多头政体》,刘惠荣译,商务印书馆,2003年,第168页。

⑤ 王绍光:《民主四讲》,生活·读书·新知三联书店,2008年,第86页。

府有期待、不满意时会抗议、积极参与政治,在这样的情况下,民主才有可能出现。①萨托利则指出,在人们素质不高的民主政治初期,政治参与度往往很高,在多数人进入中间阶层、受教育程度普遍提高后,人们对政治的关心却有下降趋势。②中国当代学者王长江认为,民主与人民素质并无直接正相关关系,③他认为人民政治参与的积极性与利益风险有关,自身利益存在的风险越大,政治参与的积极性就越高。人民受过良好的教育,具有一定的知识、能力和道德修养,对民主的实现和发展具有一定的积极作用,但不是主导或是决定作用。

二、人民利益是中国社会主义民主发展的根本动力

(一)人民当家作主是中国社会主义民主的本质

1997 年,中国共产党第十五次全国人民代表大会明确指出,人民当家作主是中国社会主义民主的本质。首先,就民主的主体而言。中国社会主义民主主体的人民,"人民当家作主"中的"人民",不是少数人,而是真正的广大人民群众。恩格斯曾说:民主"这个概念每次都随着人民的变化而变化"④。在历史上,民主的实际主体"人民"和"人民"确实是不同的。古希腊雅典民主兴盛,然而当时的雅典民主也不是真正意义上的民主,而是建立在奴隶制基础上的少数人的民主。雅典民主主体的人民是"公民","公民"不包括奴隶、妇女和外邦人,"公民"是少数,只占雅典总人数的十分之一。在后来的奴隶社

---

① 王绍光:《民主四讲》,生活·读书·新知三联书店,2008 年,第 98 页。
② [美]乔万尼·萨托利:《民主新论》,冯克利译,东方出版社,1993 年,第 14 页。
③ 王长江:《民主是良好政治生态的要见》,《探索与争鸣》,2015 年第 6 期。
④ 《马克思恩格斯选集》(第四卷),人民出版社,2012 年,第 565 页。

会、封建社会和资本主义社会,所谓的民主中的"人民",在实质上是少数的奴隶主、封建地主和资本家、大财团。中国社会主义民主不是少数人的民主,是真正的人民民主。其次,就民主的内容而言。中国是人民当家作主的社会主义国家,人民是国家的主人,一切权力完全属于人民。人民掌握着国家权力,人民当家作主就是人民当家作主,这绝不是一句空话。最后,就民主的形式而言。中国社会主义民主是内容和形式的统一。中国实行人民代表大会制度,人民代表大会是权力机关,人民通过选举人民代表在人民代表大会上行使权力。中国实行协商民主制度,中国共产党在权力运行的过程中与各民主党派、民主人士和人民群众进行广泛的民主协商,找到并按照全社会意愿和要求的最大公约办事。中国在基层和少数民族居住的地方实行民族自治制度,人民直接参与和管理自己的事务。这些都是切切实实保障人民当家作主的制度,追求的是民主内容和形式的真正统一。美国资本主义是形式上的民主,将民主形式化为"一人一票"的选举,而选举又是金钱操纵下的选举,这不是真正的民主。

(二)人民利益推动着中国社会主义民主的发展

1.人民利益推动下争得人民民主,建立人民当家作主的新中国

新中国成立前,人民最大的利益是建立人民当家作主的新国家。近代中国的状况是,内有封建压迫,外有强敌入侵,人民处在水深火热中,没有人民的利益,人民民主无从谈起。国民党维护"四大家族"的利益,不顾人民的利益。中国共产党则选择捍卫人民的利益,实行土地改革将土地分给人民,为了人民的长久利益做斗争。日本入侵,烧杀抢掠,残害中国人民,严重损害人民的利益。国民党不顾人民的利益,只顾自身利益,坚持"攘外必先安内"。中国共产党则坚持捍卫人民利益,号召一致对外,实现全国抗日。全国抗战胜利后,国民党仍不顾人民利益,搞军阀独裁。中国共产党始终坚持捍卫人民

利益,经过三年内战,建立了人民当家作主的新中国。历史发展是有规律的,中国共产党带领中国人民实现了人民当家作主,根本原因就是始终坚持人民的利益。

2.计划经济抑制人民追求利益的积极性,阻碍了社会主义民主政治发展

新中国成立后,人民最大的利益是实现温饱。国家在政策上,实施高度集中的计划经济体制,集中力量办大事,促进了中国社会主义的发展。然而实行计划经济,国家几乎包揽了一切生产,人民利益的唯一来源就是国家。而国家在利益分配上强调国家利益、集体利益至上,个人利益必须让位于国家和集体。个人利益的分配强调的是平等、均衡。在长期的计划经济体制下,人民自主竞争获得个人利益的积极性受到了压制。三年改造,国家靠强制力建立了基本的社会主义民主制度,人民民主是不活跃的,社会主义民主发展基本处于停滞状态。

3.市场经济重新激活了人民利益追求的积极性,促进了社会主义民主政治繁荣

改革开放后,国家取消计划经济,实行有中国特色的市场经济。市场经济允许人民在国家利益框架下充分实现个人利益,这大大激发了人民的积极性。改革开放前,中国的社会主义民主政治制度基本是凭借国家意志的强制力建立的,改革开放后,中国社会主义民主政治的发展主要靠人民利益的推动。市场经济重新激活了人民对利益的追求,人民实现了低层次的生存、生理的需要,渐渐地就会上升到追求人民当家作主的需要,社会主义民主也即随之发展。在人民利益的推动下,改革开放40多年来,社会主义民主政治实现了大繁荣大发展,体现在人民代表大会制度取得了巨大成就,体现在协商民主制度取得了重大成果,体现在党内民主建设取得了不小的成绩,体现在基层民主自治成效显著。

三、中国社会主义民主在发展中存在的阶段性问题

(一)民主存在形式化

目前来看,不论是西方资本主义国家还是社会主义国家,大都选择民主政治形式。民主系统应该是一个闭合回路,基层人民选举并监督产生权力机关,权力机关产生执行机关,执行机关领导和服务基层人民。在整个环闭合回路中,基层人民对权力监督这一环节最为基础和重要。

(二)下对上民主监督略显无力

中国自古以来实行中央集权制。就是在这样的历史因素作用下,民众仍然抱持着多一事不如少一事的态度,只要自己的切身利益没有受到威胁,就用冷漠对待政治。具体表现在:对政治参与的消极情绪和不作为,进而演化为民主监督的无序性结构和监督软弱无力。举例来说,我国宪法规定,我国公民依法享有选举权和被选举权,但在实际操作中,选民往往并没有意识到自己手中选票的重要性。这样看来,人民对民主参与缺乏应有的热情。还有很重要的一个方面,就是人民的政治素养不够高,不能通过科学合理的方式进行民主监督,结果只能是事倍功半,最终导致的是自己的政治诉求无法实现。

(三)权力腐败

"腐败"最初是一个化学名词,指的是物质一开始的纯粹状态发生了变质和腐烂。权力腐败,指的是借助公共权力的外衣来谋取个人私利,即权力的错位,从而导致国家政治生活的病态发展。公权力是由人民让渡出来一部

分私权力形成的。而掌控一定公权力的机关和个人不顾公权力的本质和原则,将公共权力私有化,并滥用权力,腐败就此产生。以权谋私是权力腐败的主要表现,具体来说包括公款吃喝、权钱交易、权力缺位甚至越位等问题。在我国由计划经济转向市场经济的过程中,由于市场经济自身具有开放性灵活性,而我们又恰逢处于对其一知半解进行摸索的阶段,所以易滋生腐败。权力腐败不仅不利于国家的政治稳定,更是对民心的巨大消耗,对社会主义建设有百害而无一利。

四、中国社会主义民主阶段性问题的解决对策

(一)问题分析

民主问题是判断一个社会成熟与否的重要指标。民主程度越深入,社会越进步。社会主义社会的民主必须以人人平等为基础,也就是说,社会主义民主社会重视每一个人,重视每一个人的利益诉求。

从古至今,无论中国还是外国,政府官僚体系出现腐败一直以来都是一个难以避免的问题。究其原因,不外乎人类与生俱来的贪婪属性,以及对金钱的盲目追逐两个主要方面。权力一旦被掌握在个人手中,由于人类本身所具有的贪婪性和利益排他性,为了实现自身利益的最大化,往往会凭借手中的权力做出一些逾越之举。另外,在商品社会金本位思想影响下,权力掌控者很容易沦为金钱的奴隶,堕入沉沦的深渊。我国实行有中国特色的社会主义制度,坚持依法治国,致力于建设社会主义法制社会,目的就在于用法律规范权力控制者的行为。但从现实来看,遇事人人都会选择趋利避害,只要掌权者发现法律、制度存在一点点不完善的地方,让他们的私心有机可乘,那么毫无疑问,他们就会铤而走险钻政策的空子。追求利益本无可厚非,但

是君子爱财,取之有道。如果认为掌握了权力就等于掌握了生财妙门,而不是一门心思想着造福群众,那这样的人在仕途上一定不会有什么前途可言。

当前我国民主发展中遇到的问题,不论是下对上监督无力还是权力出现腐败,内在动因都是利益的驱使。当人民利益受到威胁时,人民便开始奋起反抗,保卫自己的利益。人民反抗的过程,正是争取个人政治权力的过程,也是一个社会民主进步的过程。这里可以分为两种情况:一种是受到威胁的个人利益特别大,大到足以让人民甘愿承担反抗所带来的风险;另一种是有可能受损的个人利益相对而言不大,人民认为不值得为了一点点利益而冒更大的风险。在第一种情况下,人民愿意起来反抗,一般来说是基于这样的考虑:"不反抗就只能任人宰割,反抗还有一线生机,为什么不能放手一搏呢!"在这种想法驱策下,人民为争取个人权力而勇敢做出话语表达,虽然无奈,但在客观上也确实促进了社会主义民主的发展。

不论是由于受到的损失特别大所以选择抗争,还是考虑到风险太大放弃抗争,其本质都是在做利益选择。天下熙熙皆为利来,天下攘攘皆为利往。千百年前的先贤哲人早已道出了其中玄机。马克思也曾说过:"人们奋斗所争取的一切,都同他们的利益有关。"①而发展社会主义民主政治,就是要保障人民的权利。不可否认,人民利益是社会主义民主发展的根本动力。

(二)解决对策

1.用制度保障社会主义民主

民主政治的核心就是让大多数人享有管理国家的权利。人民权力的实现需要得到制度上的保障。自新中国成立以来,我国先后确立了人民代表大会制度、中国共产党领导下的多党合作和政治协商制度、民族区域自治制度

---

① 《马克思恩格斯全集》(第1卷),人民出版社,1956年,第82页。

以及基层民主自治制度等一系列民主制度，虽然在实践中不断发现问题并及时做出了修改，但总体来看还需要继续完善。

腐败得以抑制、民主得以实现，在很大程度上要靠对权力的制约和监督。实行行政公开制度是对权力最好的监督措施。我国宪法规定国家的一切权力属于人民，人民拥有知情权是确保这项权利实现的基础。因此早在党的十六大就明确提出推行政务公开制度。政务公开制度有利于公民参政议政的实现，更是维护自身合法权益、建设廉洁政府的需要。通过对行政公开制度的立法建设、内涵研究来逐步扩大公开范围、创新公开方式，最终实现社会主义民主。

要想推进我国社会主义民主积极健康发展，只能通过加强制度建设来完成。在进一步完善我国民主制度的同时，要加强法制建设，使人民有法可依，真正实现将权力关进制度的笼子里，实现人民当家作主。

2.提高人民的政治参与素养和能力

我国是人民民主专政的社会主义国家，本质是人民当家作主。既然人民是国家的主人，就应该积极参政议政，为把我国建设成为富强、民主、文明、和谐、美丽的社会主义现代化强国而奋斗。然而在实际生活中，一些人冷漠对待政治生活，用一种无所谓的态度参与其中，实则更不利于社会主义民主的发展，反而是民主发展进程中的掣肘。因此，提高人民的政治参与素养和能力对扩大公民有序的政治参与显得尤为重要和迫切。

人民的政治参与素养主要指的是理论素养、纪律素养、道德素养等。只有掌握了社会主义民主相关的理论知识，牢牢把握住参与政治的纪律要求，以高尚的道德标准要求自己，才能不断提高自身的政治参与素养与能力。进而促进政治体制改革，更好地发展社会主义民主政治。

民主政治的实现依赖人身、思想和言论获得极大自由，因此要解放人的思想，提高人民的政治参与热情。人民的参与性是衡量民主政治发展的一大标准。增强公民意识,也就是强势灌注主人翁意识,让人民在政治参与过程中变被动为主动,最大限度地发挥积极主动性,为社会主义民主建设出力。

3.用利益引导社会主义民主

社会主义民主政治建设是中国特色社会主义建设的重要方面,也是坚持不懈推进人民民主的必然要求。民主的内在本质就是对人民利益的充分保障。除了通过制度、立法等方面来实现社会主义民主,更应该把好民主发展根本动力的脉,也就是以人民利益为根本出发点刺激、推动民主建设。

由于我国的民主问题有其特殊性,因此需要具体问题具体分析。针对人民群众在保障自身利益和承担反抗风险的权衡中摇摆不定的情况,最好的办法就如毛泽东所言:"一切空话都是无用的,必须给人民以看得见的物质福利。"①换句话说,也就是让政府行动起来,给予人民一定的利益刺激,消除他们的后顾之忧,让他们敢于发声,敢于反抗,敢于争取和维护自己的权利。

在新的历史阶段,社会阶层出现分化的背景下,社会利益的分配成为牵一发而动全身的引爆点。民众普遍处于观望状态,如果利益分配符合自身的预期设定,就默不作声。一旦利益协调过程中出现与预料中不对应的情况,就会联合一批出现相同状况的人,与之对抗。因此群体性突发事件近年来呈现增长态势,这也是利益博弈的结果。综合来看,这对我国社会主义民主建设还是有好处的。

(此文原发表于《中共乐山市委党校学报》2017年第1期,原题为《人民利益是中国社会主义民主发展的根本动力》,此处略有改动)

① 《毛泽东文集》(第二卷),人民出版社,1993年,第467页。

构建中国特色社会主义民主话语权

"西式民主"一直左右着国际民主舆论,以美国为代表的西方国家经常无端指责中国"不民主""专制",损害中国的形象。对此,我们必须要构建中国社会主义话语权,在国际舆论中为中国民主正名。本文分析了民主话语权的含义及影响因素,构建中国社会主义民主话语权的重要性,中国社会主义民主话语权的现状和在民主话语权之争中处于弱势的原因, 并提出构建中国社会主义民主话语权坚持的原则和在民主理论、民主实践上的举措。

一、民主话语权及构建中国社会主义民主话语权的重要性

(一)民主话语权强调控制民主舆论的权力

话语权和民主话语权的含义。"话语权"最早由法国思想家米歇尔·福柯提出。福柯认为,话语与权力紧密相关,权力决定话语,而真正的权力又是通过话语来实现的。①1970 年,福柯当选法兰西学院院士,在就职演讲《话语的秩序》中提出了著名的论断:话语就是权力,人通过话语赋予自己以权力。张

---

① 王治河:《福柯》,湖南教育出版社,1999 年,第 182 页。

国祚认为"福柯的观点比较接近今天我们对'话语权'功能和本质的认识"，"话语权是说话和发言的资格和权力"。[①]"资格"在一定意义上就是"权利"，那么话语权中的"权"是"权力"，还是"权利"，还是二者的统一？秦廷华认为"话语权就是说话权，即控制舆论的权力"[②]，话语权是权力。毛跃认为"话语权"有别于"言语权"，前者强调的是话语内容被外界认可的权力，后者强调话语主体表达的权利，话语权是对外影响力、控制力，在本质上是"权力"。[③]也有学者认为，话语权既是权力，也是权利。骆郁廷认为，"话语权是通过一定的话语内容影响和引导话语客体思想和行为的权力和权利"[④]。郑杭生同样认为，"话语权是说话权力和权利的统一，话语资格和话语权威的统一"[⑤]。因此，话语权即发言权，包括权力和权利双重含义，强调发言的权力。学术界似乎还没有给出明确的"民主话语权"的定义。民主话语权主要涉及四个方面，即话语主体（谁来说）、话语客体（对谁说）、话语平台（在哪里说）和话语内容（说什么）。本文研究主题为"中国社会主义民主的话语权"，即一个国家的民主话语权。那么话语主体和话语客体就限定为国家，话语内容就是"民主"，话语平台就是国际会议及相关媒体。再考虑到，国家的一切言行都以国家利益为核心、主权国家一律平等、国家之间影响力的确不同。在这里，我们定义民主话语权为：一个国家以维护和实现自身利益为目的，通过国际会议及相关媒体，向另一些国家表达有关民主内容的权利及其控制国际民主舆论的权力。该定义强调民主话语权以利益为目的，强调每一个国家都有发表民主言论的自由，更强调不同国家民主言论在国际上影响力的不同。争夺民主话语权既是维护这种"权利"，更是强调扩大这种"权力"（影响力），最终是

---

① 张国祚：《关于"话语权"几点思考》，《求是》，2009 年第 9 期。

② 秦廷华：《"中国式民主"要有自己的民主话语权》，《理论探讨》，2009 年第 10 期。

③ 毛跃：《论社会主义核心价值观的国际话语权》，《浙江社会科学》，2013 年第 7 期。

④ 骆郁廷：《论意识形态安全视域下的文化话语权》，《思想理论教育导刊》，2014 年第 4 期。

⑤ 郑杭生：《学术话语权与中国社会学发展》，《中国社会科学》，2011 年第 2 期。

维护和实现国家利益。而今,国际上确实存在民主话语权争议,其实质就是"以美国为首的西方强国的霸权压制和以中国为代表的发展中国家为寻求本国发展道路合法性之间的斗争"[①]。

民主话语权的影响因素。国际上的影响力主要靠三点:"理"(道理)、"利"(利益)、"力"(力量)。影响国家民主话语权的因素可分为四种。第一,国家的民主化程度。民主化程度越高,民主话语内容的影响力越强。在某一方面最具有发言权的,发言最具有影响力的,当然是在这一方面做得最好的。民主化程度高,包括民主理论和民主实践两方面。一是有着强大的、系统化的民主理论,二是有着成功的民主实践,这是"理"的影响。第二,国家的经济实力。经济实力越强,民主话语平台(国际会议)越大,增强民主话语的影响力。国与国之间存在经济合作,很多国家都愿意跟经济实力雄厚的国家建立经济合作关系,在这种国际合作交流中,经济实力雄厚的国家自然就增加了在国际上发言的机会。很多经济落后的国家,在学习经济发达国家的过程中,普遍认为是其民主制度促进了经济发展。在这样的归因下,经济实力雄厚的国家民主话语的影响力增强。这是"利"的影响。第三,国家的宣传能力。宣传能力越强,民主话语平台(相关媒体)越大,增强民主话语的影响力。一个国家的媒体(报纸、杂志、电视、网站)在世界上的覆盖面积大、影响力大,当通过这样的媒体宣传其民主话语内容时,所产生的影响力自然是较大的,这是"力"的影响。第四,国家的军事干预。不可否认,军事力量在一定程度上确实能增强一个国家的话语影响力。一些国家直接通过军事战争的方式,用武力直接在另一些国家内移植民主。这种方式对当事国的影响非常大,影响的结果可能是好的,也可能是坏的。这种方式对非当事国也有影响,起到威慑作用。这也是"力"的影响。

---

① 秦廷华:《"中国式民主"要有自己的民主话语权》,《理论探讨》,2009 年第 10 期。

(二)构建中国社会主义民主话语权的重要性

构建中国社会主义民主话语权就是要展示中国民主自信,正所谓身正不怕影子斜。我们发展的就是社会主义民主理论,进行的就是社会主义民主实践,宣传的就是社会主义民主。用中国社会主义民主话语权扫除国内一切疑虑和不自信。

关系到国内政治的健康发展和"民主梦"的实现。一方面,构建民主话语权体现出的是追求民主。民主是社会主义的生命,没有民主就没有社会主义,民主的重要性不言而喻。构建民主话语权在价值追求和奋斗目标上都是围绕民主政治建设。另一方面,构建民主话语权体现出的是民主体系。民主体系是包括民主的道路、理论和制度体系,构建民主话语权的基本要求就是不仅要有,还要是完善的、现代化的民主体系。"民主梦"需要这样一套民主体系,构建民主话语权将会促进中国"民主梦"的实现。

关系到党和国家在国际上的民主形象和良好的外部发展环境。民主几乎成为所有现代国家的追求。因为民主确实是个好东西,若是不认可、不追求,就会在国际上被视为落后,甚至是专制。中国构建民主话语权,有利于执政党和国家的民主形象。以"美国"为代表的一些西方国家经常打着"民主""人权"的旗帜,控制国际舆论,无端指责甚至是武力干涉别国内政。构建民主话语权可以避免留下话柄,不使居心叵测者钻民主话语的空子,这有利于营造良好的国际发展环境。

关系到世界各国对"中国社会主义民主"的认可。国际上大都了解西式民主,并习惯性地用西式民主标准审视一个国家的民主。而对中国社会主义民主陌生,对中国共产党一党执政感到困惑,在西方别有用心的国家的诱导下就冠以中国"专制"。用"西式民主"话语体系审视"中式民主",当然会得出错误的结论。构建中国社会主义民主话语体系,在国际上宣传中国完善的民主理论和成功的民主实践,使世界各国了解、认识、学习、理解、借鉴和宣传中国社会主义民主,最终才能在国际上赢得认可。

二、中国社会主义民主话语权的现状及原因分析

(一)中国构建社会主义民主话语权的现状

国内树立起民主的道路、理论和制度自信,重视民主话语权的构建。第一,国内对中国社会主义民主表现出自信。国内对中国民主的自信表现在三方面。一是执政党对社会主义民主的自信。2011 年胡锦涛在党的十八大报告中提出“三个自信”,即道路自信、理论自信和制度自信。这其中就包括坚持中国特色社会主义民主的自信。二是中国学者对社会主义民主的自信。自从俞可平先生发表《民主是个好东西》,紧接而来的就有《中国式民主也是个好东西》。现如今能查到的中国学者表达对社会主义民主自信的学术文献数不胜数。三是中国人民对社会主义民主的自信。随着中国崛起,中国人民在各方面的自信日益提高。网络信息时代,人们能够对比中国民主的过去和现在,对比世界各国的民主和中国的民主,对比之下,人民体会到社会主义民主的优势。

第二,学者发出“争夺中国式民主话语权“的声音。在 2009 年学者秦廷华主张“中国式民主要有自己的话语权”,并指出了民主话语权争议的实质。① 在 2011 年学者张传鹤发出“夺取民主话语权”的声音,并指出“在中西意识形态斗争中,围绕民主话语权的较量是最为激烈的阵线之一”。②2012 年学者张国军强调“民主话语权已然成为意识形态斗争的新战场”,并强调“我们要

① 秦廷华:《“中国式民主”要有自己的民主话语权》,《理论探讨》,2009 年第 10 期。
② 张传鹤:《怎样在意识形态斗争中赢得民主话语权》,《光明日报》,2013 年 12 月 11 日。

敢于同西式民主抢夺民主话语权"。①2015 年学者张飞岸、杨光斌都表达了"正视中国民主实践,构建民主话语权"的思想主张。②2015 年 12 月 16 日,由杨光斌领衔的团队在"中国民主理论话语体系建设"座谈会上,展示中国"民主新论"系列 4 部著作。

第三,国家重视并着手构建中国话语权。习近平在谈论中国政治制度时说:"中国有 960 多万平方公里、56 个民族,我们能照谁的模式办? 谁又能指手画脚告诉我们该怎样办? "③虽然没有明确提出,但是在字里行间透露出构建中国话语权的思想。发展社会主义必须要坚持"中国式",应对指手画脚必须要构建中国话语权。党的十八届五中全会提出要提升中国在全球经济治理中的"制度性话语权",虽然"制度性话语权"是针对经济方面的,相信政治上的"民主话语权"在不久的将来就会出现在政府文件中。

国外存在对"中国式民主"的不认可,在中西方民主话语权之争中处于弱势。总的来看,西方发达国家依然掌握着国际民主舆论的主导权,中国在民主话语权之争中处于弱势。首先,西方民主话语处于优势地位。福山在其"历史终结论"中认为,只有西方的自由民主才是"人类意识形态发展的终点,是人类最后一种统治形式,是历史的终结"。④历史仍在发展,且不说这种观点对不对,但是这种观点的影响较大。长期以来,以美国为代表的西方国家,自封"世界民主审判者",用他们的民主标准来评价谁是民主的、谁不是民主的。而世界各国也习惯于用西方民主标准来进行判断。其次,对"中国式民主"不了解、不认可,存在"唱衰中国"的声音。中国在世界中有着一种神秘色彩,中国的崛起让世界为之一惊,但是世界对中国的了解仍不够,对中国

---

① 张国军:《民主话语权:意识形态之争的新战场》,《社会主义研究》,2012 年第 6 期。
② 张飞岸:《正视中国民主实践,构建民主话语权》,《马克思主义研究》,2015 年第 7 期。
③ 习近平:《在庆祝全国人民代表大会成立 60 周年大会上的讲话》,《人民日报》,2014 年 9 月 6 日。
④ [美]弗朗西斯·福山:《历史的终结及最后的人》,毛俊杰译,中国社会科学出版社,2003 年,第 50 页。

的认识仍不全面、深入。

（二）中国社会主义民主话语权处于弱势地位的原因对比（中美）分析

中国的民主建设基础弱、起步晚、时间短。中国有着 5000 多年的封建历史，五四运动（1919 年）之前封建专制思想深深地影响着中国人民，五四运动之后马克思主义民主才开始在中国广泛传播。新中国成立（1949 年）后，人民当家作主的思想才渐渐深入人心。而美国在建国（1776 年）之前，欧洲主张自由、平等和民主的"启蒙运动"已经在北美传播了 100 多年。中国继承的是马克思主义民主观，马克思对民主有着深刻的思考，对巴黎公社式民主极为称赞，但终其一生并未有过民主实践。中国是在摸索中逐渐使马克思主义中国化，形成中国特色社会主义民主。若是从三大改造完成（1956 年）后算起，中国社会主义民主才有 60 多年的历史，民主理论和实践才刚刚走向成熟。而美国的民主自建国（1776 年）后算起已发展了 200 多年。

中国的民主现代化条件还不是非常充分。民主的发展是有条件的，发展民主的条件也是复杂的。中国的经济虽如腾龙一般突飞猛进，经济发展总量跃居世界第二，但是人均经济占有量仍处于中后位置，中国是最大的发展中国家的地位没有改变。经济发展不平衡，民主政治制度还需要不断发展和完善。人民当家作主的能力还需要提高，人民民主素养中较为重要的理性和容忍性仍需要不断强化。而美国有着强大的经济、政治和文化实力，其国民的经济生活水平高于我国，政治制度体系、法律体系也相对更加成熟、完善，国民的民主意识、维权意识较强。

中国对"集体领导制"有关的民主理论建设和宣传不够。国外对中国社会主义民主困惑的主要原因有两个：一是中国共产党一党执政，二是中国特色社会主义民主。胡鞍钢指出："对国内而言，我们采取的是'中央领导集体制',但是国外人还是搞不懂,主观地认为一党制,非民主制即专制。"①中国共产党一党执政与民主建设不冲突,但是还缺乏完善的、成熟的、系统的、相匹配的理论。同样的,国外只知道西方民主,对中国特色社会主义民主感到陌生,不理解、不接受、不承认。不是坚持中国共产党的领导和坚持中国特色社会主义民主错了,而是我们缺乏配套的理论,缺乏国际宣传。而美国自福山"历史终结论"(1988 年)以来,就以其民主"普世价值"自居,向全世界宣传和输出"人类民主的终结模式"。不是"政党竞争制"、不是"一人一票"、不是"美式民主",就是不民主、就是专制。美国的宣传能力十分强大,其媒体几乎处于绝对垄断地位,通过"声音"的强力压制,其民主话语的影响力也就相当大。

中国近几年才重视民主话语权,构建"中国话语权"的时间短。在"中国知网"上能查到的关于"民主话语权"的文章,时间上最早出现在 2009 年,数量上至今(2023 年 5 月)只有 180 篇。在政府文件、会议上,能查到的关于"话语权"的资料,也是最近几年的。这说明,随着不断发展,中国才刚开始着手构建"中国话语权"。而美国不同,自二战后,美国就一直争夺世界秩序的主导权。自苏联解体、一超多强的世界格局形成后,美国实际上就成为书写世界规则的执笔人。哪个国家不民主,哪个国家没有人权,哪个国家危害人类等,几乎完全由美国说了算。不仅是说,还有赤裸裸的政治、军事实践。可以说,在过去、哪怕是现在,很多国际事务都无法绕开美国。

三、构建中国社会主义民主话语权的举措

(一)构建民主话语权的基本原则

坚持中国共产党的领导。王岐山在出席"2015 年中国共产党与世界对话

---

① 胡鞍钢:《中国集体领导体制》,中国人民大学出版社,2013 年,第 129 页。

会"时指出："中国共产党的合法性源自于历史,是人心向背决定的,是人民的选择。"①党领导中国人民建立了人民当家作主的新中国,历史功绩不容磨灭。新中国成立后,党领导中国人民逐渐建立起社会主义民主制度,用"民主"来治国理政,落实人民当家作主。改革开放后,党领导中国人民以经济建设为中心,逐渐使中国走向经济大国。现如今,党又将带领中国人民迎来中华民族的伟大复兴。事实摆在眼前,中国共产党的领导地位不可动摇。中国共产党不仅讲民主,还十分重视民主。习近平强调,"人民当家作主是中国社会主义民主政治的本质和核心","人民民主是社会主义的生命。没有民主就没有社会主义,就没有社会主义的现代化,就没有中华民族伟大复兴"。②可见"民主"在党执政中的重要位置。而一些西方国家偏偏故作"睁眼瞎"说一党专制,这不是别有用心还能是什么?

坚持中国社会主义民主。伟大领袖毛泽东指出:"我们的民主不是资产阶级民主,而是人民民主。"③改革开放的总设计师邓小平也强调:"中国人民今天所需要的民主,只能是社会主义民主或称人民民主,而不是资产阶级的个人主义的民主。"④这是中国老一辈领袖在血的革命实践中总结出的宝贵经验。中国特色社会主义民主是马克思主义民主的中国化,是内容和形式的统一,追求真真正正的人民当家作主。中国社会主义民主道路、理论和制度,是在与中国的历史、国情相结合并且相适应的情况下创造出来的,是在中国的社会土壤中成长起来的。不坚持中国社会主义民主,难不成还要去搞资本主义民主? 可以借鉴西方民主,但绝不搬"政治制度的飞来峰",要吸取照搬"西式民主"而陷入"民主泥潭"的国家的教训。中国社会主义民主是成功的,

① 《王岐山会见出席"2015 中国共产党与世界对话会"外方代表》,《人民日报》,2015 年 9 月 10 日。

② 习近平:《在庆祝全国人民代表大会成立 60 周年大会上的讲话》,《人民日报》,2014 年 9 月 6 日。

③ 《毛泽东文集》(第六卷),人民出版社,1999 年,第 326 页。

④ 《邓小平文选》(第二卷),人民出版社,1994 年,第 175 页。

我们的人民代表大会制度、多党合作与政治协商制度、党内民主制度和基层民主自治制度等民主制度都取得了较大的成功。当然,不可否认的是中国社会主义民主还存在一些发展中的阶段性特征。但是相信随着发展中国社会主义民主也会不断完善。

(二)社会主义民主理论方面

区别"中式民主"和"美式民主"。构建我们自己的民主话语权,首先就应该跳出西方民主的话语语境,塑造我们的民主理论体系。根据中国的国情和民主实践,在民主的定义、特征、标准、价值、道路和评价等方面给出我们自己的回答。并在这些方面与西方民主进行比较分析,区别"中式民主"和"美式民主",弥补我们的不足,强化我们的优势。

总结并回应"美式民主"对"中式民主"的攻击。西方国家经常指责我们不民主,例如,人民的权利得不到保障,没有"一人一票"的普选,不实行多党竞选制等。面对这样的攻击,我们要正面回应。中国仍在发展中,确实存在一些问题,可这都是发展中的问题,都是会得到解决的。习近平就对奥巴马讲过,"民主未必仅仅体现在'一人一票'"[①]。美国的"一人一票"与其说是"民主"不如说是"钱主",金钱主导美国政治,这是有目共睹的事实。政治制度也不必相同,评价政治制度好不好,也只有本国人民才最有资格。

为"一党执政"在民主理论上正名。在国际上习惯于按照"美式民主"的标准衡量一个国家民主与不民主,只要和"美式民主"不同,就会迎来"不民主"的声音。我们要澄清一个事实,"美式民主"不是民主发展的终极。一党执政不等同于"专制""不民主",在一党执政下发展民主完全是可以的。这不仅是理论,而且是从中国成功的民主实践中得出的结论。我们需要做的就是将

---

① 《习近平向奥巴马阐述中国对民主主权理解》,《京华时报》,2014 年 11 月 15 日。

实践理论化,为中国"一党执政"匹配上相应的民主理论。

不断发展和创新中国社会主义民主理论。理论的强大,主要体现在理论的生命力。中国社会主义民主理论需要不断发展和创新,在中国的民主实践中不断实现民主理论化, 在应对西方一些国家的无端指责中不断完善民主理论,根据具体现实国情和需要不断创新民主理论。

(三)社会主义民主实践方面

不断落实和发展现有的民主制度。中国社会主义民主制度,包括人民代表大会制度、多党合作与政治协商制度、党内民主制度和基层民主自治制度等,都取得了巨大的成功。但是问题仍然是存在的,需要严格落实现有的制度,及时解决存在的问题,不断完善和发展民主制度。

勇于创新中国的民主实践。民主的实现形式是丰富多样的。现如今选举民主和协商民主是中国民主的两种主要形式, 但是我们仍要不断地探索更多的、能够更好地落实人民当家作主的民主形式。要坚持党的领导,要依靠人民群众的智慧,打破固有的、僵化的、不合理的存在,以人民为中心,开创灵活、有效的民主实践。

不断提高中国人民当家作主的水平。提高人民当家作主的水平,一是要提高人民的物质生活水平,二是要提高人民的文化知识水平。要坚持发展经济,保持经济总量的不断增长。做好扶贫工作,不断消减贫困家庭数量。要不断缩小贫富差距,在资源上合理分配。做好国民教育工作,传授人民当家作主的知识,增强人民当家作主的意识,提高人民当家作主的能力。

在国际上积极主动宣传中国社会主义民主。中国的社会主义民主取得了巨大成功,我们要向世界宣传我们的成功,让世界了解中国、认识中国、熟悉中国、理解中国。具体一点,我们可以主动并且多组织一些国际交流,通过国家主要领导人、有关学者和人民向外国友人宣传中国的民主,通过邀请国外友人参观和加入中国的民主实践来真实地认识中国的民主。

（此文发表于《中共青岛市委党校青岛行政学院学报》2016 年第 2 期，原题为《构建中国特色社会主义民主话语权的路径选择》，此处略有改动）

政党建设与爱国主义

- 执政合法性:源自历史,由人心向背决定
- 全党大兴调查研究之风
- 新时代爱国主义思想
- 网络民粹主义及其治理

执政合法性:源自历史,由人心向背决定

在"2015中国共产党与世界对话会"中,王岐山作为中共中央高层领导首次公开论述中国共产党的执政合法性,体现的是中国共产党执政的自信。中共执政合法性源自历史,由人心向背决定,是人民的选择。要不断加强执政合法性建设,夯实"三大"基础,建立"法理"主导的执政合法性。

一、执政合法性的来源与构成

(一)执政合法性:概念、"三大"构成基础与动态变化的特征

合法性是人民的认可与支持。合法性离不开"人民"的"认可"与"支持"。规范主义认为可以将包括德、善、诚、仁、义等在内的良好社会规范作为评价一个政治系统合法性的标准。规范主义代表人物卢梭注重"公意",他指出:"人民的公意是合法性的唯一基础,掌握人民公意的人便成为合法的统治者。"[①]经验主义则将人们对政治系统是否信任、认可、服从作为合法性的评价标准。经验主义代表人物马克斯·韦伯首先明确提出了合法性概念,他认

---

① 毛寿龙:《政治社会学》,中国社会科学出版社,2001年,第61页。

为一个政治系统是否具备合法性取决于人民是否认可与支持。重建主义在结合规范主义和经验主义两种研究范式的基础上，"重建"了"合法性"。重建主义代表人物哈贝马斯指出："合法性意味着，对于某种要求作为正确的和公正的存在物而被认可的政治秩序来说，有着一些好的根据。合法性意味着某种政治秩序被认可的价值——这个定义强调了合法性乃是某种可争论的有效性要求，统治秩序的稳定性也依赖于自身（至少）在事实上被承认。"①无论是规范主义、经验主义，还是重建主义，在合法性问题上都注重人民的认可与支持。

执政合法性的三大构成基础分别是意识形态、政绩和制度。合法性的构成基础，即合法性的来源。马克斯·韦伯将统治类型划分为三种：传统型、个人魅力型和法理型。传统型以习惯和传统为基础，魅力（卡里斯玛）型以个人魅力为基础，法理型以正式制定的规则和法律为基础。传统和个人魅力存在不稳定性，正如马克斯·韦伯指出："如今，最普遍的合法性形式是合法的信念，即形式上正确的制定。"②即"法理"（制度）是合法性的主要构成基础。戴维·伊斯顿则将合法性的来源归纳为：意识形态、结构和个人品质。③意识形态是观念的集合，主要用于培养人们对政治系统的合法性情感。结构即制度，指的是用制度和法律维护合法性地位。个人品质（类似卡里斯玛）是人们对执政者个人行为基础的信任和支持。中国学者洪向华认为伊斯顿将个人品质作为合法性基础之一有失偏颇，他认为合法性基础应该是：意识形态、结构和规则、治理绩效。④其中治理绩效指的是执政取得的成就，也就是政绩。总结以上中西方学者观点，合法性一般由意识形态基础、政绩基础和制

---

① ［德］哈贝马斯：《交往与社会进化》，张博树译，重庆出版社，1989 年，第 206 页。

② ［德］马克斯·韦伯：《论经济与社会中的法律》，张乃根译，中国大百科全书出版社，1998 年，第 5 页。

③ ［美］戴维·伊斯顿：《政治生活的系统分析》，王浦劬等译，华夏出版社，1989 年，第 317~318 页。

④ 洪向华：《试论政治系统的合法性基础》，《理论探讨》，2007 年第 2 期。

度基础构成。

执政合法性的重要特征是动态变化,并非一成不变。合法性的最主要特征是动态变化,而非一成不变。政权的变迁,都可以归因于合法性的不稳定。合法性的动态变化很难在短期内分辨出来,但是在一直发生着。哈贝马斯指出:"合法性是分阶段的,前一个阶段的合法性在向后一个较高阶段的合法化过渡时,会发生合法化潜能的'贬值'。"①这种"贬值"是与人类文明进步比较下的相对贬值。历史在向前发展,合法性也需要进入更高阶段。这是合法性的特性,也是人类政治生活的特性。

(二)中国共产党合法性的来源与构成

党的十六届四中全会指出:"中国共产党成为执政党是历史的选择、是人民的选择。"②王岐山进一步指出:"中国共产党的合法性源自历史,是人心向背决定的,是人民的选择。"③

执政合法性源自历史。中国共产党领导中国人民建立了新中国,实现了国家独立和民族解放。中国共产党自1921年成立就为中国的前途和命运而奋斗。中国共产党号召全国抗日,带领全国人民将入侵者赶出中国。全国抗战胜利后,国民党坚持一党专政,搞军阀统治,中国共产党则坚持建立民主政体。三年内战,党坚持为了人民、依靠人民,坚持捍卫人民的利益,最终获得了人心,获得了各民主党派、全国人民的支持和信任,赢得了胜利,建立了人民当家作主的新中国。

执政合法性的构成。第一,改革开放前,执政合法性以意识形态为中心。马克思主义作为无产阶级的意识形态,具有人民性、革命性、真理性和先进

---

① [德]哈贝马斯:《交往与社会进化》,张博树译,重庆出版社,1989年,第190页。
② 《中共中央关于加强党的执政能力建设的决定》,《共产党员》,2004年第10期。
③ 《王岐山会见出席"2015中国共产党与世界对话会"外方代表》,《人民日报》,2015年9月10日。

性,具有巨大的魅力和凝聚力。新中国成立前,马克思主义为中国共产党领导中国革命提供了强大的理论支持。在革命过程中,党发展了马克思主义,使马克思主义中国化,形成了毛泽东思想。在毛泽东思想的指导下,党完成了国家独立和民族解放的任务,建立了新中国。新中国成立后,马克思主义成为占统治地位的意识形态。马克思主义是要实现共产主义理想,实现物质财富极大丰富,实现人的自由全面发展。这美好的理想深深地吸引着人民,为中国共产党执政合法性继续提供意识形态支撑。

第二,改革开放后,执政合法性以经济绩效为中心。中国共产党作为执政党,要能为人民提供实实在在的经济利益。党的十一届三中全会后,党坚持改革开放,坚持以经济发展为中心,并取得了巨大成果。中国经济迅猛发展,由一个贫穷落后的国家,奇迹般地发展成为世界上的主要经济体,引领世界经济发展。人民生活水平不断提高,精神物质生活不断丰富。经济发展还提升了中国的国际地位,中国在世界上拥有越来越多的话语权。经济上的显著成绩,为中国共产党执政合法性提供强有力的支撑,使中国人民更加拥护中国共产党。

第三,社会主义民主制度支撑着执政合法性。毛泽东指出,要用"民主"跳出"兴亡周期率",民主就是人民当家作主,社会主义制度,在根本上,就是用来保障人民当家作主的。人民代表大会制度,是人民通过自己选出的代表,表达自己的意愿,维护自身的权益。多党合作与政协协商制度,使中国共产党与各民主党派共同治理国家。通过政协会议汇集全国意愿和智慧,发扬政治民主。基层群众自治制度,使人民在基层直接当家作主。充分尊重少数民族,实行民族区域自治制度。这一系列民主制度,为人民当家作主提供了保障,给人民吃了一颗"定心丸",支撑着中国共产党的执政合法性。

二、执政合法性问题提出的意义

(一)有助于争夺"执政合法性"话语权,建构中国特色的执政合法性的话语体系

在"2015 中国共产党与世界对话会"中,王岐山论述了中国共产党的执政合法性。中国共产党执政 70 多年,执政能力、执政成果和人民支持率都是站得住并且站得稳的。即使是放在西方话语体系里,中国共产党执政合法性也是不容置疑的。中国指出,是否合法不仅体现在表面程序上,还要看历史,还要看实际,还要看本质上的"人心向背"。表面程序上的合法,不一定能体现内容实质上的合法。金钱操控下的选举,体现的不一定是民心民意。

(二)有助于深化认识和理解中国共产党的执政合法性,增强对中国共产党执政合法性的信仰

研究中国共产党执政合法性,有利于深入地认识和了解中国共产党及其执政合法性。中国共产党作为执政党,有着全心全意为人民服务的宗旨,有着先进的马克思主义理论武装,有着强大的实践落实能力。中国共产党执政为民,始终捍卫人民的利益、国家利益和民族利益。这是中国共产党赢得人民认可与支持的原因。不了解党的人,会对党执政产生不正确的认识,怀疑党的执政合法性,在言语、思想和行动上对党造成不好的影响。对党有不轨之心的人,会扭曲党的历史,蛊惑人民反对党,动摇党的执政地位,污蔑党的合法性。正面论述执政合法性,有利于正确认识和理解中国共产党的执政及其合法性,有利于增强对中国共产党执政合法性的信赖。中国共产党坚定不移的相信,人民的智慧是无穷的,人民的眼睛是雪亮的。我党执政全心全意为人民服务,执政合法性经得住推敲,执政地位经得住风雨,不怕任何国家、任何政党、任何人的任何阴谋诡计。

(三)有助于执政党树立和保持合法性意识,不断加强合法性建设,赢得人民的持久支持,实现长治久安

正确的认识合法性,才能更好地建设合法性。打江山就能坐江山,这种认识是不正确的。东欧剧变、苏联解体就是深刻的教训,看似"应然"的事情并不一定"实然"。执政合法性是动态变化的。过去执政具有合法性,现在执政具有合法性,未来不一定能执政,那时合法性也就无从谈起。要居安思危,树立并时刻保持清醒的合法性意识。执政合法性与执政能力有着直接的联系,研究执政合法性有助于提高执政能力。提高执政能力,可以更好地应对出现的危机和困局,可以更好地抓住机遇迎接新的挑战,可以获得人民的持续支持和信任。提高执政能力,首先要从严治党。王岐山指出:"党对人民的承诺就是党的使命,党的使命决定了必须从严治党。"[1]从严治党,提高执政能力,有利于加强执政合法性建设,有利于中国共产党政权的稳定,有利于实现长治久安。

三、执政合法性建设

(一)面临的挑战

第一,在绩效合法性方面。经济发展是有客观规律的,在基数小的时候能实现经济的快速发展,随着发展,经济基数越来越大,经济发展的速度就

---

① 《王岐山会见出席"2015中国共产党与世界对话会"外方代表》,《人民日报》,2015年9月10日。

会降下来。把合法性主要寄托在经济上，这时，就很可能会陷入"绩效合法性困境"。在经济快速发展的时候，能满足人们的物质需求，执政合法性不存在挑战。一旦经济发展速度开始放缓，不能满足人们增长的物质需求时，执政合法性就面临危机挑战。

第二，在贫富分化和腐败问题方面。以先富带动后富，最终实现共同富裕，这政策绝对是正确的。但是在发展过程中，没有控制好先富和后富的良好接轨。贫富差距引起民众的不公平、不满情绪，这会降低人民对执政党的认可度。腐败问题，已经影响到社会主义民主政治建设，不利于中国共产党政权的稳定。

第三，意识形态合法性式微的挑战。伴随着改革开放和全球化趋势，新自由主义、新干预主义、社会民主主义和无政府主义等外来思潮涌入中国，冲击着马克思主义意识形态。在五花八门的思想浪潮的冲击下，马克思主义信仰开始淡化。马克思主义信仰日益滑落表现在：马克思主义信仰比重在逐渐减少，马克思主义的魅力和凝聚力作用在逐渐降低。西方利用文化入侵，用民主、人权干涉别国内政，实行"和平演变"。思想和意识形态上的动摇，最终会反映到社会和政治生活中，造成不稳定甚至动荡的局面，不利于中国共产党执政地位的稳固。

第四，在法理合法性方面。以法理为主要基础的合法性有着强大的优势，法理合法性可以在经济疲软而陷入"政绩合法性困境"的情况下，在其他合法性基础疲软的情况下，仍支撑着执政党的合法性。我国建立了以人民代表大会为根本政治制度的社会主义民主政治制度体系，建立了以宪法为核心的法律体系。但是民主政治制度和法律体系还不完善，运用制度和法律治国理政的能力稍微不足，全社会内制度和法律意识尚欠缺。

(二)改善的对策

第一,树立民本绩效观,强化政绩合法性基础。要努力保持经济的发展速度。虽然一般难以避免"政绩合法性困境",但绝不能放弃政绩合法性基础。一个政党碌碌无为,不能满足人民的物质需求,是无法得到人民的长期拥护。要树立"民本"经济绩效观。"民本"经济绩效观要求以"利民"作为发展经济的出发点和落脚点,要努力将既有的经济资源转化为人民的幸福生活。当人民的物质生活水平普遍提高到一定程度,人民对经济物质的需求度就会相对降低,那时经济发展减速对执政合法性的影响就相对减弱了。

第二,缩小贫富差距,打击权力腐败。针对贫富分化问题。首先,重点救助贫困家庭。通过政策,直接给予贫困家庭一定的经济物质支持,并帮助其解决经济来源问题。其次,建立合理的利益分配制度。保护通过诚实劳动、合法经营取得的收入,取缔非法收入。本着兼顾效率与公平的原则,带动更多的"后富"。通过法律途径,调节过高收入,补助低收入,逐步缩小贫富差距。最后,营造公平的社会环境。通过政策和制度来保障公平,使每个人,无论官民,无论贫富,都有平等的发展和竞争的机会。针对权力腐败问题。对权力腐败必须要坚持"零容忍"。坚持以重刑使"不敢腐"。无论权力大小、无论官职高低,只要触犯党纪国法,就必须受到严惩。坚持以制度法律使"不能腐"。建立健全的权力运行和监督机制,用制度约束权力,用法律规范权力。权力要在阳光下运行,政府政务要公开,信息要透明化,使一切权力运作都能受到监督。坚持以思想教育使其"不想腐"。在思想上加强教育,使政府官员坚守全心全意为人民服务的宗旨,是最根本的解决办法。

第三,创新发展马克思主义,巩固意识形态主导地位。首先,要坚守马克思主义信仰。邓小平曾讲过:"过去我们党无论怎样弱小, 无论遇到什么困难，一直有强大的战斗力，因为我们有马克思主义和共产主义的信念。"①马克思主义信仰不能丢失。其次，加强马克思主义教育。学习马克思主义，尤其是中国化的马克思主义，剖析马克思主义的时代价值。宣传马克思主义，强调马克思主义的优势。发展中国化的马克思主义，在继承马克思列宁主义、毛泽东思想、邓小平理论、"三个代表"重要思想、科学发展观、习近平新时代中国特色社会主义思想的基础上不断创新。最后，揭示历史虚无主义等的虚伪面目。西方是借助文化思潮入侵他国，目的是扰乱他国而从中获利。要大力批判历史虚无主义，谨防西方对我国的"和平演变"。

第四，建立以法理合法性为主导的执政合法性。法理型合法性是现代社会合法统治的必然趋势和最终归宿，要及早建立"法理"基础主导的执政合法性。②现代国家具有民主化、法制化、理性化等特点，实现法理型执政合法性相应地要做到民主执政、依法治国和治理现代化。首先，民主执政。坚持人民当家作主，通过建立参与程序和保障制度，使人民能够方便、有效地参与政治生活。发扬政治民主，坚持完善民主选举、决策和监督，保障人民的民主权利。其次，依法治国。建立法律权威，完善法律体系，培养法律意识。要善于运用法律，提高依法治国的能力。最后，实现治理现代化。不断发展和完善社会主义制度，健全社会主义制度体系。发挥制度治理优于"人治"的作用，坚持按制度办事。培育制度治理思维，不断提高运用制度治理国家的能力。

（此文发表于《宁夏党校学报》2016 年第 1 期，原题为《中国共产党执政合法性：源自历史，由人心向背决定》，此处略有改动）

---

① 《邓小平文选》（第三卷），人民出版社，1994 年，第 144 页。

② 郑曙村：《中国共产党执政合法性的转型及其路径选择》，《文史哲》，2005 年第 1 期。

全党大兴调查研究之风

党的十八大以来,习近平多次强调要高度重视、始终坚持和不断加强调查研究。党的十九大以来,习近平在党的十九届一中全会、中央政治局第一次全体会议、中央政治局民主生活会等会议上,以及在对寻乌调研报告的重要批示中,都要求重视和改进调查研究,反复强调要在全党大兴调查研究之风。习近平高度重视调查研究,他既是调查研究身体力行的实干家,又是思想深邃的理论家。据统计,自党的十八大至党的十九届一中全会期间,习近平总书记到基层进行考察调研 50 余次、累计 150 余天,他考察调研的足迹纵横跨越中国版图。①习近平对调查研究有着深刻的认识和系统的思考。在关于调查研究的内涵和目的、调查研究对党和国家发展建设的历史作用,大兴调查研究之风的现实意义,以及如何进行和开展好调查研究等方面,习近平有着全面、详细、系统的论述。不仅如此,习近平结合新时代新实践发表了一些新论断,进一步发展了党的调查研究理论。学习习近平调查研究思想,对于贯彻落实在全党大兴调查研究之风、提高党的执政能力和实现中华民族伟大复兴具有重大意义。

---

① 《党的十八大以来习近平总书记国内考察全纪实》,《人民日报》,2017 年 10 月 9 日。

一、调查研究的基本内涵与衡量标准

习近平对调查研究的基本内涵、目的和过程环节,以及如何评价调查研究作过深入的思考。关于什么是调查研究,调查研究的目的何在,习近平指出:"调查研究,是对客观实际情况的调查了解和分析研究,目的是把事情的真相和全貌调查清楚,把问题的本质和规律把握准确,把解决问题的思路和对策研究透彻。"①习近平这一论述洋溢着马克思主义的世界观与方法论,坚持了辩证唯物主义的基本原则,体现出深厚的哲学底蕴。认识世界、改造世界是人类生存繁衍的意义所在,认识世界是为了改造世界,改造世界首先必须要认识世界。调查研究是认识和分析客观实际的实践过程,是力求主观符合客观的过程。只有从客观实际出发,才能做到实事求是。认识世界,问题在于改变世界,改变世界要从问题开始。习近平具有强烈的问题意识,在调查研究中以问题为中心,带着问题去调查研究,在调查事物的真相和全貌中进一步认识问题和发现问题,在分析和研究中准确把握问题的本质和规律,最终产生思路、提出对策从而贯彻落实解决问题,问题是调查研究的出发点和落脚点。

关于调查研究的过程环节,习近平指出:"调查研究,包括调查与研究两个环节。"②调查是基础,研究是重点,两者缺一不可。首先是调查,调查是带着问题和目的搜集材料,查清楚事物的真相和全貌的过程。搜集材料要求"真"而求"全",准确而全面。"真相"和"全貌"是事物感性的表象,调查是一个感性认识的过程。感性认识需要上升为理性认识,"调查"之后必须要有"研究"。研究是对调查材料进行细致的分析,准确把握问题的本质和规律,

---

① 习近平:《谈谈调查研究》,《学习时报》,2011 年 11 月 21 日。
② 习近平:《谈谈调查研究》,《学习时报》,2011 年 11 月 21 日。

找到解决问题方法、对策的过程。"本质"和"规律"是对事物深层次的理性认识,是对感性表象的抽象和升华,研究是一个由感性认识上升到理性认识的过程。习近平强调:"调查结束后一定要进行深入细致的思考,进行一番交换、比较、反复的工作,把零散的认识系统化,把粗浅的认识深刻化,直至找到事物的本质规律,找到解决问题的正确办法。"①不调查则无以研究,不研究则事倍功半。只有同时作好调查与研究,才能更高效地解决问题。

关于如何衡量调查研究,习近平指出:"衡量调查研究搞得好不好,不是看调查研究的规模有多大、时间有多长,也不是光看调研报告写得怎么样,关键要看调查研究的实效,看调研成果的运用,看能不能把问题解决好。"②习近平善于抓根本、抓关键,一针见血。调查研究最终是要把解决问题的思路和对策研究透彻,贯彻落实思路和对策从而解决问题。因此,评价一个调查研究搞得好不好,最根本的还是看调查研究是否有实效、是否有实用价值、是否能切实解决问题。习近平始终把人民放在心中,在党的领导下开展任何工作都必须坚持人民价值观,他指出:"调查研究成果的质量如何,形成的意见正确与否,最终都要由人民群众的实践来检验。"③实践是检验真理的唯一标准,人民群众的实践最能评价调查研究到底搞得好不好。

二、调查研究的历史作用与现实意义

习近平具有强烈的历史思维,善于在历史中总结经验、吸取教训。他深知党重视调查研究的历史传统,十分清楚调查研究在党领导中国革命、建设和改革中的重要作用。不仅如此,在新时期新时代,习近平多次强调调查研

---

① 习近平:《谈谈调查研究》,《学习时报》,2011 年 11 月 21 日。
② 习近平:《谈谈调查研究》,《学习时报》,2011 年 11 月 21 日。
③ 习近平:《谈谈调查研究》,《学习时报》,2011 年 11 月 21 日。

究的重要性,强调要在全党大兴调查研究之风,继承和大力发扬党注重调查研究的优良传统。

(一)调查研究是党的传家宝,大兴调查研究之风是党的优良传统

关于党重视调查研究的历史,习近平指出:"调查研究是我们党的传家宝。"[①]这是习近平对党重视调查研究历史的宝贵经验总结。调查研究是中国革命和建设的重要法宝,是推进改革开放的思想源泉。

中国共产党高度重视调查研究,大兴调查研究之风是党的优良传统。以毛泽东为核心的党的第一代领导集体,在调查研究中摸索出中国革命的正确道路和建设中国社会主义的正确方向。毛泽东是党内大兴调查之风的开创者,是党重视调查研究的杰出代表,写出了《湖南农民运动考察报告》《寻乌调查》和《兴国调查》等著名调查报告,提出了"没有调查就没有发言权""不做正确的调查同样没有发言权""调查研究是马列主义普遍真理与中国革命具体实践相结合的中心环节"等经典论断。大革命失败后,以毛泽东为代表的中国共产党人经过艰苦深入的调查研究,认识到农民问题是中国革命的中心问题,开辟了农村包围城市、武装夺取政权的革命道路。在党的历史上,不做调查研究、不了解中国国情而瞎指挥、乱领导的本本主义,几乎断送了中国革命的未来。1930 年 5 月,毛泽东在《反对本本主义》(原题为《调查工作》)一文中指出:"共产党的正确而不动摇的斗争策略,绝不是少数人坐在房子里能够产生的,它是要在群众的斗争过程中才能产生的,这就是说要在实际经验中才能产生。因此,我们需要时时了解社会情况,时时进行实际调查。"[②]客观存在决定主观意识,主观要符合客观,就必须从客观出发,只有

---

① 《中共中央政治局召开民主生活会 习近平主持并发表重要讲话》,《人民日报》,2017 年 12 月 27 日。

② 《毛泽东选集》(第一卷),人民出版社,1991 年,第 115 页。

不断实践和调查研究,才能不断认识事物的本质。毛泽东深刻认识到调查研究与运用马列主义指导中国革命的重要关系,批判本本主义,倡导不断进行调查研究。在毛泽东的领导和推动下,重视调查研究逐渐成为党的优良作风。新中国成立后的 10 年里,毛泽东仍十分重视调查研究,开展大小调研上百次,他还亲自组织了一些重大问题的调查研究。1956 年,毛泽东用一个半月的时间,先后与中央 34 个部委的同志进行谈话,经过中央政治局几次开会讨论,探索和总结社会主义建设的客观规律,形成了正确处理十大关系的思想,为我国社会主义建设提供了科学指导。

以邓小平为核心的党的第二代领导集体坚持调查研究的优良作风,在调查研究中制定了科学的发展目标和战略计划,开启了改革开放的伟大实践。邓小平高度重视调查研究的工作方法,是开展调查研究的楷模。1978 年,邓小平在全军政治工作会议上提出:"我们办事情,做工作,必须深入调查研究,联系本单位的实际解决问题。"[①]领导干部不要随便发表意见,首先要认真调查研究。1978 年,全国掀起一股出国考察热潮,当年邓小平频繁出国考察,访问了缅甸、尼泊尔、朝鲜、日本、泰国、马来西亚、新加坡等国家,1979 年又访问了美国。在对外考察中通过对比,开始认清国内发展形势。在国内又经过几番间接调查研究和实地调查研究,不断摸清国情现状,由实现"四个现代化"到"中国式的现代化",再到"小康",最终制定了"翻两番、奔小康""三步走"的科学目标和战略计划。邓小平以身作则不断进行调查研究,逐渐形成了他调查研究喜欢"问数字""爱算账"、深入、唯实、联系大局、敢于担当的鲜明特点。1992 年,邓小平不顾 87 岁高龄前往深圳、珠海、珠江三角洲、广州和上海等地调研,改革开放的生动实践和显著成果,坚定了邓小平继续推进改革开放的决心和信心,邓小平南方谈话为改革开放和经济发展指明了

---

① 《邓小平文选》(第二卷),人民出版社,1994 年,第 123 页。

方向。

以江泽民为核心的党的第三代领导集体继承和发扬了党注重调查研究的优良传统，通过调查研究汇集全党和全国人民智慧，创造性地、系统性地提出了"三个代表"重要思想，创新发展了马克思主义执政党建设理论。江泽民提出了"没有调查就没有决策权"的重要论断，他指出："历史经验说明，各种问题的解决都取决于正确的决策，而正确的决策来源于对客观实际的周密调查研究。"①

以胡锦涛为总书记的党中央继承和进一步发扬了党内大兴调查研究之风的优良传统，强调"大力弘扬求真务实精神，大兴求真务实之风"，为贯彻落实科学发展观、构建社会主义和谐社会等党和国家各项大政方针提供了根本依据和正确指导。2005 年在十六届中央政治局第二十次集体学习时，胡锦涛专门作了《加强调查研究和理论研究，着力提高构建社会主义和谐社会的本领》的重要讲话。

（二）调查研究是谋事之基、成事之道，关系着党和人民事业的得失成败

习近平在党的十九届一中全会上再次强调，调查研究是谋事之基、成事之道，是我们做好工作的基本功。②调查研究是"关系党和人民事业得失成败的大问题"，"什么时期全党从上到下重视并坚持和加强调查研究，党的工作决策和指导方针符合客观实际，党的事业就顺利发展；而忽视调查研究或者调查研究不够，往往导致主观认识脱离客观实际、领导意志脱离群众的愿望从而造成决策失误，使党的事业蒙受损失"。③习近平阐述了在全党大兴调查研究之风的意义，深刻阐明了调查研究对党和人民事业的极端重要性。

---

① 《江泽民文选》（第一卷），人民出版社，2006 年，第 308 页。

② 习近平：《在党的十九届一中全会上的讲话》，《求是》，2018 年第 1 期。

③ 习近平：《谈谈调查研究》，《学习时报》，2011 年 11 月 21 日。

第一,调查研究是认识世界、改造世界的重要方法。习近平认为,进行调查研究非常有利于正确认识世界和改造世界。①导致不正确认识产生的原因,往往是因为不重视调查研究,或不善于作调查研究,或不作深入系统的调查研究,这就难以做到理论联系实际和实事求是。调查研究是带着问题意识的主客体间互动的实践过程,通过调查搜集材料实现对客观实际情况的感性认识,再通过对调查材料的分析和研究,把握事物的属性、本质和规律,逐渐上升为理性认识,最终解决问题,从而不断促进人类社会的发展。

第二,调查研究是密切联系群众、服务群众的重要方式。习近平强调:"人民群众是共产党存在和发展的基础、力量和智慧的源泉。共产党最基本的一条经验就是一刻也不能脱离人民群众。"②因此,必须要密切联系群众,虚心向人民群众学习,全心全意为人民群众服务。习近平指出:"调查研究是一个联系群众、为民办事的过程。"③通过调查研究,深入基层,深入群众。一方面,倾听人民群众的呼声,体察人民群众的情绪,感受人民群众的疾苦,总结人民群众的经验,吸取人民群众的智慧。另一方面,着力解决人民群众"最盼、最急、最忧、最怨"反映最强烈的问题,切实提高人民群众的幸福感和获得感。

第三,调查研究是科学决策的基本前提和正确贯彻落实的基本保障。科学决策离不开调查研究,习近平曾运用形象的比喻阐述调查研究与科学决策的紧密关系:"调查研究就像'十月怀胎',决策就像'一朝分娩'。调查研究的过程就是科学决策的过程,千万省略不得、马虎不得。"④同时,他还强调,没有调查就没有发言权,更没有决策权。⑤既形象、生动,又深刻、辩证地揭示

① 习近平:《谈谈调查研究》,《学习时报》,2011 年 11 月 21 日。
② 习近平:《之江新语》,浙江人民出版社,2007 年,第 146 页。
③ 习近平:《干在实处,走在前列》,中共中央党校出版社,2006 年,第 534 页。
④ 习近平:《之江新语》,浙江人民出版社,2007 年,第 154 页。
⑤ 习近平:《在党的十九届一中全会上的讲话》,《求是》,2018 年第 1 期。

了调查研究对于科学决策的重要性。同时,也体现出习近平对党调查研究理论的继承和发扬。不仅如此,习近平在党的十九届一中全会上指出:"正确的贯彻落实同样离不开调查研究。"①党的十九大明确的大政方针、作出的重大部署、提出的重要举措,都需要通过不断地调查研究来实现正确贯彻落实。调查研究贯穿科学决策及其正确贯彻落实的整个过程。

第四,调查研究是提高素质能力和执政本领的有效途径。习近平指出,调查研究的过程,是领导干部"自我学习提高的过程"②,"提高认识能力、判断能力和工作能力的过程"③。在改革发展的过程中,随着简单问题的不断解决,困难问题就会随之而来,这就对领导干部自身能力和本领提出了更高的要求。行之有效的解决办法,就是不断进行调查研究。习近平强调:"调查研究多了,基层跑遍、跑深、跑透了,我们的本领就会大起来,我们的认识就会产生飞跃,我们的工作就会做得更好。"④通过调查研究,在群众中寻求智慧,在实践中探索对策,不断提高素质能力和执政本领。

三、调查研究的基本原则、总体要求与工作导向

习近平对如何搞好调查研究有着深入、细致的思考,阐释了搞好调查研究所应遵循和坚持的原则、要求和工作导向。搞好调查研究,要坚持实事求是的基本原则,不仅要"能",而且要"敢";要坚持全面、深入、准确和有效的总体要求,确保调查研究的科学性;要坚持以人民为中心的工作导向,要维护、实现和保障人民的利益,做到语言朴实接地气,还要虚心向群众学习。

---

① 习近平:《在党的十九届一中全会上的讲话》,《求是》,2018 年第 1 期。

② 习近平:《干在实处,走在前列》,中共中央党校出版社,2006 年,第 534 页。

③ 习近平:《谈谈调查研究》,《学习时报》,2011 年 11 月 21 日。

④ 习近平:《干在实处,走在前列》,中共中央党校出版社,2006 年,第 534 页。

(一)坚持实事求是的基本原则

实事求是,是辩证唯物主义和历史唯物主义世界观、方法论的精髓,是马克思主义的灵魂。坚持实事求是,是党领导开展一切工作的基本原则。调查研究也是如此,习近平呼吁"全党同志一定要把实事求是贯穿到各项工作中去,经常、广泛、深入开展调查研究"①,强调开展"调查研究必须坚持实事求是的原则"②。在调查研究中坚持实事求是,就是要避免教条主义、本本主义、经验主义和主观臆断。一是要坚持从客观实际出发来发现问题和研究问题。坚持事先不定调子,切勿通过察言观色、揣摩上级意图来提供材料。坚持从客观实际中了解情况和发现问题,经过科学论证后产生调查研究结论。坚持一是一、二是二,不唯书、不唯上、只唯实。二是要坚持理论联系实际来形成和制定解决问题的方针与对策。在将解决问题的思路转化为具体路线方针政策时,要结合实际情况来考虑落实路线方针政策的可行性与有效性。三是要坚持在实践中检验调查研究成果的质量,实践是检验真理的唯一标准,只有人民群众的实践最能检验调查研究到底搞得好不好。

领导干部既要"能"于坚持实事求是,也要"敢"于坚持实事求是。习近平指出:"在调查研究中能不能、敢不敢实事求是,不只是认识水平问题,而且是党性问题。"③"能不能"倾向于水平问题,"敢不敢"则侧重于党性问题。不敢坚持实事求是的现象是存在的,习近平指出,有些干部既了解情况又知道问题,但是不愿、不敢正视现实和讲真话,只报喜不报忧,违背了实事求是的原则。在调查研究中敢于坚持实事求是,一方面,要不断加强党员干部的党性教育,强化全心全意为人民服务的思想意识,努力做到公而忘私,把党和

---

① 习近平:《在纪念陈云同志诞辰 110 周年座谈会上的讲话》,《人民日报》,2015 年 6 月 13 日。

② 习近平:《谈谈调查研究》,《学习时报》,2011 年 11 月 21 日。

③ 习近平:《谈谈调查研究》,《学习时报》,2011 年 11 月 21 日。

人民的利益放在第一位。另一方面,要进一步营造和保持敢于讲真话、实话、心里话的环境氛围,坚决反对党员干部间逢迎讨好和相互吹捧,积极开展批评与自我批评,营造良好的党内政治生态。

(二)坚持全面、深入、准确和有效的总体要求

习近平指出,要努力在提高调查对象的广泛性上、内容的针对性上、方法的科学性上和成果的有效性上下功夫。①由习近平主持召开的党的十九届中央政治局第一次会议审议通过了《中央八项规定实施细则》,要求改进调查研究,强调注重实际效果,力求准确、全面和深入,确保调查研究的正确性和科学性。

第一,调查研究要全面。"全面"主要体现调查研究的范围、主题和内容。范围"全"体现在,既要调研国内,又要调研国外;既要调研东部,又要调研西部;既要调研城市,又要调研农村;既要到先进的地方去总结经验,又要到困难的地方去研究问题,"特别是要多到群众意见多的地方去,多到工作做得差的地方去"②。习近平指出,领导干部一定要跑遍任职范围,县委书记要跑遍所有的村,市委书记要跑遍所有的乡镇,省委书记要跑遍所有的县市区。③主题"全"体现在,无论政治、经济、文化、民生、生态、党建、国防和外交,无所不查,无所不研。凡是关系到党和国家、人民利益的问题,尤其是迫切需要解决的问题,都要进行调查研究。内容"全"体现在,在某一特定的调查研究中仔细听取各方面的意见,把问题的真相和全貌搞清楚。查清楚问题的真相和全貌,就需要把能够用于反映问题、分析问题和研究问题的各种材料搜集全。

---

① 习近平:《干在实处,走在前列》,中共中央党校出版社,2006 年,第 536 页。

② 习近平:《在党的十九届一中全会上的讲话》,《求是》,2018 年第 1 期。

③ 《"人民群众是我们力量的源泉"——记中共中央总书记习近平》,《文明》,2013 年第 11 期。

第二,调查研究要深入。"深入"就是要领导干部走出领导机关、走出办公室、走出"文山会海",而深入实际生活、亲力亲为进行调查研究。习近平指出,"要扑下身子、沉到一线,迈开步子、走出院子,到车间码头,到田间地头,到市场社区,亲自察看、亲身体验"①,"深入实际、深入基层、深入群众,了解情况,问计于民"②。与工人、农民、知识分子等各界人士交朋友,到田间、工厂、市场、社区等各基层去了解情况和解决问题,与基层群众接触、面对面商讨问题。深入实际、深入基层、深入群众的调查研究与间接听汇报、看材料、上网,对领导干部在认识和感受上所起的作用是不同的,有益于领导干部掌握第一手材料并深入了解人民群众的需求、智慧和经验。习近平指出,要"深入实际、深入基层、深入群众"③。避免走过场、蜻蜓点水、走马观花,而应深入调查、把情况摸透。调查要深入,研究也要深入,深入体现在调查研究的每一个环节。在调查结束之后,也要对搜集的材料进行一番深入地分析和思考,把零散的、粗浅的认识系统化和深刻化,直到找出解决问题的办法。

第三,调查研究要准确。"准确"就是要提高调查研究结论的科学性,既要全面深入细致地了解实际情况,又要善于分析矛盾、发现问题,透过现象看本质,把握规律性的东西。④要选择紧扣现实需要的问题,找准问题的症结所在。是否选择恰当的问题,直接影响调研的准确性。不带问题或问题偏离实际,就难以得出准确的结论。不提前定调子,从客观实际出发,坚持先有调研而后下结论。预定调子,容易在调查研究中重视与预定调子一致的信息材料,而忽视与预设调子不一致的信息材料,最终导致结论的不准确。要尽力

---

① 习近平:《在党的十九届一中全会上的讲话》,《求是》,2018 年第 1 期。

② 《十八大以来重要文献选编》(中),中央文献出版社,2016 年,第 76 页。

③ 习近平:《准确把握和抓好我国发展战略重点 扎实把"十三五"发展蓝图变为现实》,《人民日报》,2016 年 1 月 31 日。

④ 习近平:《干在实处,走在前列》,中共中央党校出版社,2006 年,第 534 页。

掌握调研的主动权。既可以有"规定路线",也应有"自选动作"。既可以看"盆景式"典型,更要看没有准备的地方,更要搞不打招呼、不作安排、不要陪同的随机性调研。要防止走过场,避免"被调研"。一竿子插到底,直接深入基层群众进行调研,确保结论的准确性与科学性。

第四,调查研究要有效。"有效"着眼于解决问题的办法、方针和政策,及其贯彻落实。习近平指出,"有效"就是"提出解决问题的办法要切实可行,制定的政策措施要有较强操作性,做到出实招、见实效"①。调查研究最终的目的,是要找到解决问题的对策并贯彻落实以解决问题。如果调查研究不能有效解决问题,那调查研究就失去了意义。调查研究制定的办法、方针和政策是针对问题的,既要能解决问题,又要可操作性强,还要卓有成效。这就要求在制定办法、方针和政策时考虑最优方案,以最小的成本,更容易落实的方式,最有成效地解决问题。

(三)坚持以人民为中心的工作导向

坚持以人民为中心的工作导向是马克思主义的基本立场,习近平强调,党开展任何工作都必须坚持以人民为中心,调查研究工作也是如此,既要坚持人民利益至上,又要语言朴实接地气,还要虚心向人民群众学习。

第一,坚持人民利益至上。习近平指出,调查研究是一个为民办事的过程,"我们要随时随刻倾听人民呼声、回应人民期待"②。为民办事,就是要为人民着想,了解人民群众的意愿,满足人民群众的要求,解决人民群众的问题,实现人民群众的利益。因此,领导干部进行调查研究,首先,要不扰民。轻车简行不扰民,简化接待工作,减少陪同人员,不安排群众迎送,减少交通管

---

① 习近平:《干在实处,走在前列》,中共中央党校出版社,2006年,第534页。
② 习近平:《在十二届全国人民代表大会第一次会议上的讲话》,《人民日报》,2013年3月18日。

制,改进警卫工作。①其次,要放下架子,扑下身子。"身"到基层,同时"心"也要到基层。既要让反映情况,又要让提出意见。不仅要听顺耳话,还要听逆耳话。要倾听人民群众的呼声,体察人民群众的情绪,感受人民群众的疾苦。要亲近人民群众,服务人民群众。最后,要解决人民群众的问题,实现人民群众的利益。尤其是要主动调研人民群众最盼、最急、最忧、最怨的问题,积极探索解决问题的办法。

第二,做到语言朴实接地气。习近平认为:"语言的背后是感情、是思想、是知识、是素质。不会说话是表象,本质还是严重疏离群众,或者是目中无人,对群众缺乏感情。"②语言是传递信息和表达情感的介质,调查研究中所使用语言的风格,能够体现党与人民群众的关系,能够影响调查研究的效果。习近平身体力行、以身作则,在调查研究中使用人民群众喜闻乐见、耳熟能详的语言,与人民群众聊天、问家常,体现出朴实、生动、接地气的语言风格,拉近了与人民群众的距离,增进了与人民群众的感情。因此,要以习近平为榜样、为楷模,在调查研究中心怀人民、亲近人民,使用人民群众日常生活的语言,不断创新和改进话语风格。

第三,向人民群众虚心学习。习近平指出:"领导不是百事通,不是万能的。要做群众的先生,先做群众的学生。"③领导干部的知识、经验和能力毕竟是有限的,而人民群众的实践则是广泛而丰富的,在人民群众的实践中蕴藏着无穷的智慧与力量。应对和解决各种错综复杂的矛盾和困难,领导干部唯有深入人民群众进行调查研究,在调查研究中问需于民、问计于民、问政于民,端正态度,虚心向人民群众学习,总结人民群众的经验,吸取人民群众的

---

① 本书编写组:《学习贯彻中共中央政治局八项规定资料文件汇编》,中国方正出版社,2013年,第2页。

② 习近平:《之江新语》,浙江人民出版社,2007年,第146页。

③ 中央文献研究室编:《论群众路线——重要论述摘编》,中央文献出版社、党建读物出版社,2013年,第126页。

智慧。只有坚持如此,才会不断使我们的本领更大、认识更深、工作更好。

四、提高调查研究水平和成效的路径要诀

关于如何始终坚持和不断加强调查研究,习近平有着系统论述。通过强化认识和端正态度,提高对调查研究的重视。通过明确目的、紧扣现实问题,创新方式方法,坚持调查与研究的有机统一和抓好贯彻落实等,提高调查研究的水平。通过不断完善制度建设,保障调查研究的经常化。

第一,强化认识、端正态度,做到"始终坚持"和"不断加强"。认识指导实践,态度决定行为,在全党大兴调查研究之风,首先要强化认识和端正态度。习近平指出:"领导干部不论阅历多么丰富,不论从事哪一方面的工作,都应当始终坚持和不断加强调查研究。"①当前,不重视调查研究、不善于调查研究和不紧抓调查研究的问题,在领导干部中还是存在的,"一些领导干部调研走过场、搞形式主义,调研现场成了'秀场'"②。对此,要强化对调查研究的认识,提高对调查研究的重视度。要知道,调查研究是党的优良传统,是党的传家宝,是经历史证明了的行之有效的工作方法;要牢记,马克思主义的世界观与方法论,党的思想路线与工作路线,都要求领导干部高度重视、始终坚持和不断加强调查研究;要警醒,调查研究关系着党和人民事业的得失成败,一旦忽视调查研究或调查研究不够,就容易给党和人民造成巨大的损失。随着党和人民事业的不断发展和全面改革的不断深入,面临的困难、风险和挑战也越来越多、越来越大,而解决困难、化解风险、迎接挑战,都需要深入实际调查研究、与时俱进改进调查研究和不断坚持调查研究。并且,在

---

① 习近平:《谈谈调查研究》,《学习时报》,2011年11月21日。

② 《习近平近日作出重要指示强调 纠正"四风"不能止步 作风建设永远在路上》,《实践》(党的教育版),2017年第12期。

中国特色社会主义新时代,身担实现人民美好生活和民族伟大复兴的重任,领导干部更要正确认识和努力学习调查研究,学习和贯彻落实党中央关于坚持和改进调查研究、在全党大兴调查研究之风的重要指示,做到始终坚持和不断加强调查研究。

第二,调查研究要明确目的,紧扣现实问题。明确目的才能有的放矢、事半功倍,紧扣问题才能出实招、见实效。习近平强调:"领导干部搞调研,要有明确的目的,带着问题下去。"①调查研究,首先要明确目的。没有明确的目的,就是无的放矢。围绕调查研究的明确目的,事先做好充分的准备工作,制定详细的方案和计划,从而科学有序、有条不紊地实施和开展,以求达到事半功倍的效果。调查研究,还要紧扣问题。习近平特别强调,要有问题意识,坚持问题导向,紧抓关键问题,解决现实问题。②在党的十九届一中全会上,他指出:"调查研究要紧扣人民群众生产生活,紧扣经济社会发展实际,紧扣全面从严治党面临的现实问题,紧扣贯彻落实党的十九大精神需要解决的问题。"③为人民谋幸福,是党始终不渝的奋斗目标,要紧抓人民最关心的问题,不断改善和提高人民生活水平。发展是党执政兴国的第一要务,在新常态下推动经济持续健康发展、不断解放和发展社会生产力是我们面临的重大课题。伟大斗争、伟大事业、伟大梦想都离不开党的领导,必须毫不动摇坚持和完善党的领导、坚定不移全面从严治党以不断提高党的执政能力和领导水平。党的二十大作出了一系列重大工作部署,关键是抓好贯彻落实,要通过调查研究使之正确地贯彻落实。

第三,不断丰富和创新调查研究的方式方法。科学的方法是解决问题的关键,既要继承行之有效的传统方法,又要与时俱进、结合时代发展而探索

---

① 习近平:《谈谈调查研究》,《学习时报》,2011 年 11 月 21 日。

② 《习近平谈治国理政》(第一卷),外文出版社,2018 年,第 74 页。

③ 习近平:《在党的十九届一中全会上的讲话》,《求是》,2018 年第 1 期。

现代方法。习近平指出,应"遵循调查研究的特点和规律,掌握科学的调研方法"①。马克思主义强调,要结合实际、具体情况具体分析。要根据事物的特点和规律,恰当选取和不断调整实践的方式方法。注重调查研究是党的优良传统,党在长期的调查研究实践中积累了许多有效方法,如实地观察、访谈调查、蹲点调查、典型调查、会议调查、解剖麻雀等。对此,我们要坚持并灵活运用,同时要坚持继承和发展的统一,创新调查研究的方式方法。习近平指出:"调查研究的方法也要与时俱进。"②事物总是在不断变化和发展的,要与时俱进,适应发展变化。努力学习和掌握现代科技的调查研究方法,如抽样调查、统计调查、问卷调查、专家调查、网络调查等,并做到能够灵活运用。要不断创新和发展调查研究的方法,结合时代发展,尤其是当今社会信息网络化的特点,将现代信息技术引入调查研究领域,通过有效利用现代信息技术来进一步拓宽、丰富和创新发展调查研究的渠道、手段和方式,以不断提高调查研究的准确性、科学性和有效性。

第四,坚持调查与研究的有机统一,防止重"调"而轻"研"。调查研究,包括调查与研究,是两个紧密联系的环节。调查是基础,研究是重点,二者相互渗透、缺一不可,是一个有机整体。习近平在分析领导干部调查研究中存在的问题时曾指出:"有调查不够的问题,也有研究不够的问题,而后一个问题可能更突出。"③调查是基础,是一个感性认识的过程。"调查"这个基础要打牢,要全面而准确,紧紧围绕调查对象,力求把相关材料搜集"全",还要确保相关材料"真"。通过调查,通过这些大量的感性材料,可以直观地、感性地了解事物的表象,然而还不足以把握事物的本质和规律。事物的表象既可能是真实的,也可能是虚假的。因此,调查之后,必须要有研究,一定要进行深入

---

① 习近平:《之江新语》,浙江人民出版社,2007年,第166页。
② 习近平:《谈谈调查研究》,《学习时报》,2011年11月21日。
③ 习近平:《谈谈调查研究》,《学习时报》,2011年11月21日。

细致的思考。通过研究,对原始材料进行整理和分析,将零散的材料系统化、条理化,去粗取精、去伪求真、由表及里,将粗浅的认识深刻化,从而透过事物的表现而看清其本质,把握其内在联系和特征规律,将感性认识上升为理性认识。只调查而不研究,或不深入研究,只会导致事倍而功半,不能有效解决实际问题。因此,调查研究必须要坚持调查与研究的有机统一,既要打好调查的基础,也要进行深入的研究,直到找到解决问题的正确办法。

第五,抓好贯彻落实,促进调查研究成果的有效转化。调查研究的最终目的是要解决问题,通过实践贯彻落实制定正确解决问题的方针与对策。习近平在党的十九届一中全会强调全党大兴调查研究之风时指出:"党的十九大明确了坚持和发展新时代中国特色社会主义的大政方针,作出了一系列重大工作部署,提出了一系列重大举措,关键是抓好贯彻落实。"①形成了科学的决策,制定了有效的政策,如果不抓好贯彻落实,那么调查研究就失去了意义。因此,各级领导干部必须要抓好贯彻落实,"带头发扬实干精神,出实策,鼓实劲,办实事,不图虚名,不务虚功,以身作则带领群众把各项工作落到实处"②。习近平还指出:"正确的贯彻落实同样也离不开调查研究。"③方针政策来源于调查研究,正确的贯彻落实、促进前一阶段调查研究成果的有效转化,需要进一步的调查研究。调查研究伴随发现问题、分析问题、制定政策、贯彻落实、解决问题的整个过程,是一个始终坚持的实践过程。

第六,健全制度,通过制度化保障调查研究的经常化。国家治理现代化的本质是制度现代化,制度建设管全局、管根本、管长远。新时代大力弘扬党重视调查研究的优良传统,在全党大兴调查研究之风,离不开调查研究制度的不断健全和完善。习近平指出:"制度建设要在实践中不断健全完善,切实

---

① 习近平:《在党的十九届一中全会上的讲话》,《求是》,2018 年第 1 期。
② 《习近平总书记系列重要讲话读本(2016 年版)》,人民出版社,2016 年,第 13 页。
③ 习近平:《在党的十九届一中全会上的讲话》,《求是》,2018 年第 1 期。

抓好落实,使调查研究成为各级领导干部自觉的经常性活动。"①首先,要坚持和不断完善决策调研论证制度。为防止决策的随意性和决策失误,必须将调查研究贯彻决策的整个过程。坚持先调研而后决策,使每一决策,尤其是重要决策,都建立在深入调查研究的基础上,不断提高决策的科学化水平。其次,要坚持和不断完善调研工作制度。领导干部必须要发挥模范带头作用,拿出一定的时间,亲自深入基层进行调查研究。领导干部只有亲身参与调研,才会在领导集体决断时容易产生共识,作出科学的决策。再次,要坚持和不断完善领导干部联系点制度。为防止脱离群众,领导干部必须要经常到联系点进行调研,时常与联系点群众沟通交流,了解阶层群众所思所想、所忧所虑、所急所盼,确保及时发现和解决问题。最后,要不断探索和创新调查研究的制度。事物总是在发展,新问题总是会出现,要及时总结经验,不断创新和完善调研制度。

(此文发表于《学术探索》2018 年第 5 期,原题为《论习近平大兴调查研究思想》,此处略有改动)

---

① 《习近平党校十九讲(内部使用)》,中共中央党校出版社,2015 年,第 262 页。

新时代爱国主义思想

实现中华民族伟大复兴的中国梦是新时代爱国主义的鲜明主题，爱国主义与爱党、爱社会主义相统一是新时代爱国主义的本质体现，爱国情怀和改革精神、世界眼光相结合是新时代爱国主义的突出特征。新时代弘扬爱国主义精神，是实现中国梦的内在要求，是赢得具有许多新的历史特点的伟大斗争的现实要求，是应对经济全球化时代各种挑战的必然要求，不仅如此，还有助于促进世界和平与发展，推动构建人类命运共同体。践行新时代爱国主义，要树立和坚持正确的历史观、民族观、国家观、文化观，要扎根人民、奉献国家，还要依法打击分裂国家、危害国家安全和利益、践踏民族尊严的违法行为。

一、新时代爱国主义思想形成的时代背景

爱国主义是历史的、具体的，不同时代背景下的爱国主义具有不同的内容。了解和把握新时代爱国主义思想形成的时代背景，有助于正确认识和充分理解新时代爱国主义思想。一方面，新时代中国更加需要弘扬爱国主义精神；另一方面，对个别分子的不爱国行为必须要十分警惕。

(一)新时代中国更加需要弘扬爱国主义精神

在中国特色社会主义新时代,全国各族人民更加需要高举爱国主义旗帜,团结一心、奋发图强,抓住机遇、迎接挑战,为实现中华民族伟大复兴的中国梦而奋斗不息。中国共产党团结带领全国各族人民不懈奋斗,经过长期努力,我国综合实力排名进入世界前列、国际地位实现了前所未有的提升,党、国家、人民、军队、中华民族的面貌都发生了前所未有的变化。经过长期努力,中华民族如今以崭新的姿态傲立于世界民族之林,中国发展站在了新的历史方位,中国特色社会主义进入新时代。中华民族迎来了从站起来、富起来到强起来的伟大飞跃,迎来了实现中华民族伟大复兴的光明前景,新时代我们比历史上任何时期都更加接近、更有信心和能力实现中华民族伟大复兴的目标。在党的十九大报告中,习近平总书记宣告了新时代中国发展的雄伟计划:2020 年全面建成小康社会,2035 年基本实现社会主义现代化,本世纪中叶建成富强民主文明和谐美丽的社会主义现代化强国。①在看到光明前景的同时,也要看到面临的严峻挑战。在外,以美国为首的西方敌对势力试图阻止中国崛起的步伐,从经济、政治、军事、科技、外交等各方面打压中国;在内,反腐斗争形势依然严峻,发展不平衡不充分的一些突出问题尚未解决。因此,新时代抓住机遇、迎接挑战,实现中华民族伟大复兴的中国梦,更加需要弘扬爱国主义精神,不断增强全国各族人民团结一心的精神纽带和自强不息的精神动力。

(二)对个别分子的不爱国行为必须要十分警惕

近年来,试图分裂祖国、危害国家安全的行为,历史虚无主义的态度、诋

---

① 习近平:《决胜全面建成小康社会 夺取新时代中国特色社会主义伟大胜利——在中国共产党第十九次全国代表大会上的报告》,《人民日报》,2017 年 10 月 28 日。

毁英雄的谣言、矮化伟人的现象,种种不良思想、奇谈怪论沉渣泛起,给弘扬爱国主义精神带来了一些挑战。不法分子勾结境外间谍倒卖国家情报、机密,以此获利,给国家安全带来巨大隐患。厦门大学"洁洁良"事件,在读研究生在微博上发表辱华错误言论,产生了十分恶劣的社会影响。一些人对"爱国"麻木不仁,认为倡导爱国主义是刻板、迂腐,甚至对他人的爱国情怀不以为然、嗤之以鼻。近年来,少数分子的不爱国行为不时发生,对此必须要十分警惕,要不断加强爱国主义教育,始终坚持弘扬爱国主义精神。

二、新时代爱国主义思想的基本内容

党的十八大以来,围绕着新时代爱国主义的科学内涵、新时代弘扬爱国主义的重要意义以及新时代践行爱国主义的有效途径,习近平作了系统、全面的论述,形成了新时代爱国主义思想。

(一)新时代爱国主义的科学内涵

爱国主义是对祖国的忠诚和热爱,是中华民族精神的核心,是中国人民的行为准则体系。新时代爱国主义的本质体现为爱国和爱党、爱社会主义的有机统一,新时代爱国主义的鲜明主题是实现中华民族伟大复兴的中国梦,新时代爱国主义的突出特征是爱国情怀和改革精神相结合。

1.爱国主义是对祖国的热爱,是民族精神的核心,是行为价值准则

爱国主义是一种历史情感,是对祖国深厚的热爱。习近平指出:"爱国,是人世间最深层、最持久的情感。"[1]爱国主义是历史地形成的忠诚和热爱自己祖国的思想和感情,爱国主义是中华民族对祖国最为深厚的历史情感。作

---

① 习近平:《在北京大学师生座谈会上的讲话》,《人民日报》,2018 年 5 月 3 日。

为情感系统的爱国主义,表现为热爱祖国的江河大地、锦绣山川,表现为热爱民族的历史文化和骨肉同胞,表现为维护国家的领土主权、社会制度。

爱国主义是一种民族精神,是团结一心、自强不息。习近平指出:"爱国主义是中华民族精神的核心。"[1]中华民族精神以爱国主义为核心,爱国主义是中华民族的精神基因,爱国主义深深根植于中华民族心中。作为民族精神核心的爱国主义,既是中华民族团结一心的精神纽带,也是中华儿女自强不息的精神动力。

爱国主义是一种价值规范和行为准则,是扎根人民、奉献国家。习近平指出:"在社会主义核心价值观中,最深层、最根本、最永恒的是爱国主义。"[2]中华儿女以爱国主义为价值追求、行为规范,中国人民以爱国为立德之源、立功之本。作为行为规范体系的爱国主义,在道德层面上要求个人利益服从国家利益、民族利益;在政治层面上要求维护社会稳定发展、服从国家权威、信奉社会核心价值观;在法律层面上要求关心国家安全、维护祖国统一、反对民族分裂。

2.新时代爱国主义的本质体现为爱国和爱党、爱社会主义的有机统一

习近平指出:"只有坚持爱国和爱党、爱社会主义相统一,爱国主义才是鲜活的、真实的,这是当代中国爱国主义精神最重要的体现。"[3]爱国主义是一个历史范畴,爱国主义和热爱中国共产党、热爱社会主义制度、热爱中国特色社会主义相统一、相一致,是由没有共产党就没有新中国、只有社会主义才能救中国、只有中国特色社会主义才能发展中国、只有中国共产党才能带领中华民族实现伟大复兴中国梦的历史事实和现实逻辑所决定的。

---

① 习近平:《在纪念中国人民抗日战争暨世界反法西斯战争胜利69周年座谈会上的讲话》,《人民日报》,2014年9月4日。

② 习近平:《在文艺工作座谈会上的讲话》,《人民日报》,2015年10月15日。

③ 习近平:《在中共中央政治局第二十九次集体学习时强调 大力弘扬爱国主义精神 为实现中国梦提供精神支柱》,《人民日报》,2015年12月31日。

中国共产党始终是爱国主义精神最坚定的弘扬者，近百年来一直团结带领全国各族人民进行革命、建设和改革的爱国主义伟大实践。中国共产党团结带领中国人民，完成新民主主义革命和社会主义革命，实现了中华民族从东亚病夫到站起来的伟大飞跃；进行建设中国特色社会主义新的伟大实践，实现了中华民族从站起来到富起来的伟大飞跃；进行伟大斗争、建设伟大工程、推进伟大事业、实现伟大梦想，使中华民族迎来了从富起来到强起来的伟大飞跃。

中华民族"站起来""富起来""强起来"的奋斗目标和民族伟大复兴的共同理想，把爱国主义和拥护中国共产党的领导、坚持和发展中国特色社会主义内在地统一起来。正如习近平指出的："我国爱国主义始终围绕着实现民族富强、人民幸福而发展，最终汇流于中国特色社会主义。祖国的命运和党的命运、社会主义的命运是密不可分的。"①

3.新时代爱国主义的鲜明主题是实现中华民族伟大复兴的中国梦

习近平指出："实现中华民族伟大复兴的中国梦，是当代中国爱国主义的鲜明主题。"②这一重要论述，将中国梦与新时代爱国主义联系起来，明确了新时代爱国主义的鲜明主题，有助于准确把握、深刻理解新时代爱国主义的丰富内涵，具有重要的理论指导意义和实践引领作用。

中国梦是习近平在爱国主义语境下提出来的，"实现中华民族伟大复兴的中国梦，就是要实现国家富强、民族振兴、人民幸福"③。中国梦一经提出，就迅速引发亿万中国人民的强烈共鸣，得到中华儿女的广泛认同。近代以

① 习近平：《在中共中央政治局第二十九次集体学习时强调 大力弘扬爱国主义精神 为实现中国梦提供精神支柱》，《人民日报》，2015 年 12 月 31 日。

② 习近平：《在中共中央政治局第二十九次集体学习时强调 大力弘扬爱国主义精神 为实现中国梦提供精神支柱》，《人民日报》，2015 年 12 月 31 日。

③ 习近平：《在第十二届全国人民代表大会第一次会议上的讲话》，《人民日报》，2013 年 3 月 18 日。

来,实现中华民族伟大复兴的中国梦成为每一个中国人民最强烈的愿望。在历史上,中华民族曾是世界上伟大的民族,具有几千年的悠久历史,创造了灿烂的中华文明。但近代以来,由于西方列强的入侵和封建统治的腐败,中华民族遭受了前所未有的苦难,甚至沦落到亡国灭种的最危险境地。为了救亡图存、振兴中华,一代又一代的中国人抛头颅、洒热血、自强不息、奋发图强。经过长期追求和接续奋斗,中华民族实现了从东亚病夫到站起来、从站起来到富起来的伟大飞跃,迎来了从富起来到强起来的光明前景。

习近平指出:"今天,我们比历史上任何时期都更接近、更有信心和能力实现中华民族伟大复兴的目标。"①也正因为如此,中华民族伟大复兴的中国梦将在新时代成为现实,实现中国梦成为新时代中华民族、中国人民最庄严的使命,实现中国梦成为新时代爱国主义最鲜明的主题。

4.新时代爱国主义的突出特征是爱国情怀和改革精神、世界眼光相结合

改革开放是新的时代条件下的伟大革命,是新时代中国最鲜明的特色。改革开放,即对内改革、对外开放,体现出改革的精神和开放的胸怀。新时代改革开放这一鲜明特色,赋予新时代爱国主义以鲜明的时代特征。

一方面,改革开放的时代特色,要求新时代爱国主义与改革创新精神相结合。习近平敏锐地把握到了这一点,明确指出:"实现中国梦必须要弘扬中国精神。"②弘扬中国精神,即弘扬以爱国主义为核心的民族精神和以改革创新为核心的时代精神。改革创新是改革开放新时期最鲜明的时代精神,是新时代爱国主义的应有之义。没有改革、没有创新,国家发展就会走进死胡同,爱国将成为空谈。只有坚持改革创新,国家发展才会表现出强进动力,爱国主义才会绽放时代光芒。

---

① 习近平:《决胜全面建成小康社会 夺取新时代中国特色社会主义伟大胜利——在中国共产党第十九次全国代表大会上的报告》,《人民日报》,2017 年 10 月 28 日。

② 习近平:《在第十二届全国人民代表大会第一次会议上的讲话》,《人民日报》,2013 年 3 月 18 日。

另一方面,改革开放的时代特色,要求新时代爱国主义必须具有世界眼光。习近平胸怀博大、放眼世界,强调:"弘扬爱国主义精神,必须要坚持立足民族又面向世界。"①经济全球化的深入发展,已将中国的命运与世界的命运紧密地联系在一起。当今世界是开放的世界,当今中国也必须是开放的中国。新时代爱国主义必须要与扩大对外开放相结合,尊重各国各民族的历史文化和发展道路。既善于从不同文明中寻求智慧,从而增强中华文明的生机活力,又积极倡导不同国家之间交流互鉴、共同进步,从而推动人类文明的繁荣发展。

(二)新时代弘扬爱国主义精神的重要意义

爱国主义是始终中华民族团结统一、自强不息的精神源泉。弘扬爱国主义精神,是实现中国梦的内在要求,是赢得具有许多新的历史特点的伟大斗争的现实要求,是应对经济全球化时代各种挑战的必然要求,不仅如此,还有助于维护世界和平发展、构建人类命运共同体。

1.爱国主义始终是中华民族团结统一、自强不息的精神源泉

习近平指出:"5000 多年来,中华民族之所以能够经受住无数难以想象的风险和考验,始终保持旺盛生命力,生生不息,薪火相传,同中华民族有深厚持久的爱国主义传统是密不可分的。"②这是对爱国主义作用的系统论述。

爱国主义是中华民族生生不息的精神基因。早在汉武帝时期有苏武持节牧羊,南宋时期有岳飞精忠报国,明末清初有郑成功抗击荷兰收复台湾。在维护国家尊严、民族统一的爱国主义精神推动下,中华民族总体上沿着统一的历史大方向发展。近代以后,中华民族遭受了前所未有的巨大苦难。但

---

① 习近平:《在中共中央政治局第二十九次集体学习时强调 大力弘扬爱国主义精神 为实现中国梦提供精神支柱》,《人民日报》,2015 年 12 月 31 日。

② 习近平:《在中共中央政治局第二十九次集体学习时强调 大力弘扬爱国主义精神 为实现中国梦提供精神支柱》,《人民日报》,2015 年 12 月 31 日。

是中华儿女并未屈服,而是以激昂的爱国主义精神不断奋起抗争。面对西方列强侵华,鸦片战争中三元里人民抗击英国侵略者,五四运动中学生、工人抗议巴黎和会,纷纷展示出了中国人民的爱国主义精神。面对日本帝国主义入侵,中国人民在中国共产党的团结带领下血战到底,谱写了可歌可泣的爱国主义新篇章。新中国成立以来,中国人民积极探索社会主义建设,开启改革开放的伟大实践。经过70多年的不懈努力,中国人民实现了从站起来到富起来的历史性飞跃,创造了"中国奇迹",迎来了中华民族伟大复兴的光明前景,展示了团结一心、奋发图强的伟大爱国主义精神。

2.弘扬爱国主义精神是实现中国梦的内在要求

实现中国梦是新时代爱国主义的鲜明主题,爱国主义为新时代实现中国梦提供精神力量。习近平指出,要"弘扬以爱国主义为核心的民族精神和以改革创新为核心的时代精神,不断增强全党全国各族人民的精神力量"[1]。

新时代中国梦光明前景的出现,与过去始终坚持弘扬爱国主义精神是密不可分的。在爱国主义精神的推动下,中国共产党带领中国人民实现中国梦,建立了人民当家作主的新中国,建立符合中国国情的社会主义制度,开启了改革开放的伟大实践,迎来了新时代实现中国梦的光明前景。

新时代实现中国梦,也必将与现在、将来继续坚持弘扬爱国主义精神密不可分。习近平指出:"行百里者半九十。中华民族伟大复兴,绝不是轻轻松松、敲锣打鼓就能实现的。"[2]因此,全党和全国人民必须要坚持进行伟大斗争、坚持建设伟大工程、坚持推进伟大事业,必须要准备付出更为艰苦、更为艰难的巨大努力。面对现在与即将来临的艰难困苦,如何坚持?如何克服?唯有继续坚持弘扬为国家献身、为人民献身、为民族献身的伟大爱国主义精神!

---

① 习近平:《在庆祝中国共产党成立95周年大会上的讲话》,《人民日报》,2016年7月2日。

② 习近平:《决胜全面建成小康社会 夺取新时代中国特色社会主义伟大胜利——在中国共产党第十九次全国代表大会上的报告》,《人民日报》,2017年10月28日。

3.弘扬爱国主义精神是赢得具有许多新的历史特点的伟大斗争的现实要求

坚持和发展中国特色社会主义,新时代实现中华民族伟大复兴中国梦,在前进的道路上我们必须要进行具有许多新的历史特点的伟大斗争。党的十八大以来,习近平强调:"我们前面的路还很长,不会那样平坦,我们必须准备进行具有许多新的历史特点的伟大斗争。"①要赢得具有许多新的历史特点的伟大斗争,必须要弘扬爱国主义精神。

4.弘扬爱国主义精神是应对经济全球化时代各种挑战的必然要求

经济全球化时代,没有爱国主义,国家就可能会被削弱、被肢解。经济全球化从多方面冲击着民族国家:在经济上,国家之间的经济联系和利益攸关性越发增强,处于弱势地位的发展中国家面临经济主权和安全的巨大挑战;在政治上,国际组织和区域一体化的发展,使民族国家的国家主权受到一定削弱;在文化上,世界上许多国家(尤其是第三世界国家)的民族文化受到了西方国家文化的巨大冲击。

爱国主义是应对经济全球化考验的有力保障。正因为如此,在欧美同学会成立 100 周年庆祝大会上的讲话中,习近平指出:"爱国主义始终是激昂的主旋律,始终是激励我国各族人民自强不息的强大力量。不论树的影子有多长,根永远扎在土里;不论留学人员身在何处,都要始终把祖国和人民放在心里。"②爱国主义凝聚起中华民族的力量,强大的国家主权保障着中国社会的稳定发展。中东地区乱象丛生与中国这边风景独好形成鲜明的对比,更能体现出弘扬爱国主义精神、建设强大国家主权的重要意义。

---

① 习近平:《在庆祝中华人民共和国成立 65 周年招待会上的讲话》,《人民日报》,2014 年 10 月 1 日。

② 习近平:《在欧美同学会成立 100 周年庆祝大会上的讲话》,《人民日报》,2013 年 10 月 22 日。

5.弘扬爱国主义精神有助于维护世界和平发展、构建人类命运共同体

爱国主义是共产主义道德的重要规范之一,与国际主义相统一,既从本国人民的利益出发,也从世界人民的共同利益出发。习近平指出:"一个国家要发展繁荣,必须把握和顺应世界发展大势,反之必然会被历史抛弃。什么是当今世界的潮流? 答案只有一个,那就是和平、发展、合作、共赢。"①爱国主义必须要适应当今世界和平发展、合作共赢的潮流,将实现中国梦与建设和谐世界、构建人类命运共同体有机地结合起来。

新时代爱国主义与构建人类命运共同体紧密地联系在一起。2015 年 9月 28 日,在第七十届联合国大会一般性辩论时的讲话中,习近平以"携手构建合作共赢新伙伴,同心打造人类命运共同体"为发言主题,指出:"当今世界,各国相互依存、休戚与共。我们要继续和弘扬联合国宪章的宗旨和原则,构建以合作共赢为核心的新型国际关系,打造人类命运共同体。"②2017 年 1月 18 日,在联合国日内瓦总部的演讲中,习近平再次以"共同构建人类命运共同体"为发言主题,倡导坚持对话协商、共建共享、合作共赢、交流互鉴、绿色低碳,建设一个持久和平、普遍安全、共同繁荣、开放包容、清洁美丽的世界。③同心打造、共同构建人类命运共同体的中国理念,获得了世界各国的普遍认同。"人类命运共同体"理念在传承中华"和实生物、同则不继"优秀传统文化基因的同时,彰显了新时代中国爱国主义的精神魅力和国际感染力。

(三)新时代践行爱国主义的有效路径

弘扬爱国主义精神,要引导人们树立和坚持正确的历史观、民族观、国家观、文化观,倡导每个人都以实际行动践行爱国主义,扎根人民,奉献国家。对

---

① 《习近平谈治国理政》(第一卷),外文出版社,2018 年,第 266 页。

② 《习近平谈治国理政》(第二卷),外文出版社,2017 年,第 522 页。

③ 习近平:《共同构建人类命运共同体》,《人民日报》,2017 年 1 月 20 日。

分裂国家、危害国家安全和利益、践踏民族尊严的行为,必须坚决依法打击。

1.树立和坚持正确的历史观、民族观、国家观、文化观

习近平认为"深厚的感情必须以深刻的认识做基础"①,爱国主义也是如此。爱国主义建立在深刻认识自己国家的基础上,因此践行爱国主义必须要"树立和坚持正确的历史观、民族观、国家观、文化观"②。只有深刻认识祖国的悠久历史和深厚文化,才会不断增强中华民族的归属感、认同感、尊严感、荣誉感,不断增强做中国人的骨气和底气。

第一,树立和坚持正确的历史观,坚持历史唯物主义,反对历史虚无主义。要尊重历史,明确"中国的今天是从中国的昨天和前天发展而来的"③。近年来,历史虚无主义沉渣泛起。历史虚无主义否定中华民族的历史贡献,扭曲中国共产党带领中国人民进行革命、改革、建设的历史,消解中华民族的民族凝聚力,动摇中国人民的爱国主义信念,危害甚大,不容轻忽。为此,必须要引导人们树立和坚持正确的历史观。深入挖掘历史上的爱国主义精神,传承中华民族的爱国主义优良传统。

第二,树立和坚持正确的民族观,坚持民族平等、尊重民族差异、倡导民族团结,反对民族压迫、反对民族歧视、反对民族分裂。习近平指出:"各民族要相互了解、相互尊重、相互包容、相互欣赏、相互学习、相互帮助,像石榴籽那样紧紧抱在一起。"④在几千年的历史中,中华各民族在交往、交流、交融中,相互学习、相互帮助,共同维护民族团结,实现民族共同发展。民族团结统一是中华民族历史发展的主流和基本趋势,维护民族团结统一也成为中

---

① 习近平:《知之深爱之切》,河北人民出版社,2015 年,(代序)第 1 页。

② 中共中央宣传部编:《习近平总书记系列重要讲话读本(2016 年版)》,学习出版社,2016 年,第 203 页。

③ 习近平:《牢记历史经验历史教训历史警示 为国家治理能力现代化提供有益借鉴》,《人民日报》,2014 年 10 月 14 日。

④ 《习近平在第二次中央新疆工作座谈会上强调 坚持依法治疆团结稳疆长期建疆 团结各族人民建设社会主义新疆》,《当代兵团》,2014 年第 11 期。

华民族的优良传统。

第三,树立和坚持正确的国家观,维护国家主权、领土完整,抵制危害国家利益的行为。习近平指出:"历史告诉我们,每个人的前途命运都与国家和民族的前途命运紧密相连。国家好,民族好,大家才会好。"①因此,要将个人的前途命运融入国家的前途命运之中, 正确处理个人利益与国家利益的关系。国家统一、领土完整是主权国家的根本利益所在。西方敌对势力打着"人权高于主权"的幌子,试图干涉中国、分裂中国。对此,必须要坚决反对,揭露其险恶用心。

第四,树立和坚持正确的文化观,弘扬中华文化,增强文化自信。文化是国家、民族的灵魂,"文化自信是更基本、更深沉、更持久的力量"②,我们有着绝对文化自信的基础和底气。习近平指出:"在 5000 多年文明发展中孕育的中华优秀传统文化, 在党和人民伟大斗争中孕育的革命文化和社会主义先进文化,积淀着中华民族最深沉的精神追求,代表着中华民族独特的精神标识。"③中国特色社会主义新时代,我们要弘扬中华优秀传统文化、无产阶级革命文化、社会主义先进文化,坚持走中国特色社会主义文化发展道路,不妄自菲薄、不崇洋媚外,坚定文化自信。④

2.爱国不能停留在口号上,要以实际行动践行爱国主义

习近平指出:"爱国,不能停留在口号上,而是要把自己的理想同祖国的前途、把自己的人生同民族的命运紧密联系在一起,扎根人民,奉献国家。"⑤爱国不能只是一句口号,必须要将爱国认知和爱国情感转化为爱国行动、爱

① 习近平:《承前启后继往开来 朝着中华民族伟大复兴目标奋勇前进》,《党史文苑》,2012 年第 23 期。

② 习近平:《在哲学社会科学工作座谈会上的讲话》,《人民日报》,2016 年 5 月 18 日。

③ 习近平:《在中国文联十大、中国作协九大开幕式上的讲话》,《人民日报》,2016 年 12 月 1 日。

④ 赵开开、聂家华:《论习近平的中国特色社会主义文化观》,《广西社会科学》,2018 年第 2 期。

⑤ 习近平:《在北京大学师生座谈会上的讲话》,《人民日报》,2018 年 5 月 3 日。

国实践。

一方面,要以实际行动维护国家利益,捍卫民族尊严。近年来,损害国家利益、伤害民族感情的事件多次发生。面对分裂国家、损害国家安全和利益、践踏民族尊严的行为,一是要不参与,二是要坚决抵制、与之作斗争。我们要留心注意周围是否存在阴谋策划分裂国家的不法分子,是否存在勾结境外间谍倒卖国家情报、机密的不法行为,是否存在辱华、辱国、践踏民族尊严的丑陋言行,如有发现则及时向国家有关部门举报。以自己的实际行动,弘扬爱国主义精神,争做护国、卫民的爱国先锋和楷模。

另一方面,要投身于改革发展的伟大事业中,为实现中国梦贡献自己的智慧与力量。2017 年 5 月 25 日,在对黄大年同志先进事迹作出重要指示的讲话中,习近平指出:"我们要以黄大年同志为榜样,学习他心有大我、至诚报国的爱国情怀,学习他教书育人、敢为人先的敬业精神,学习他淡泊名利、甘于奉献的高尚情操,把爱国之情、报国之志融入祖国改革发展的伟大事业之中、融入人民创造历史的伟大奋斗之中,从自己做起,从本职岗位做起,为实现'两个一百年'奋斗目标、实现中华民族伟大复兴的中国梦贡献智慧和力量。"[1]这既是对黄大年同志先进事迹的表彰,也是对爱国主义行为的赞扬和呼吁。无论从事什么样的工作,无论站在什么样的岗位,每个人都要心怀爱国之情、报国之志,兢兢业业干好本职工作,扎根人民、奉献国家,为实现祖国富强、民族振兴、人民幸福的中国梦做贡献。

3.制定和完善相关法律,依法打击一切分裂祖国、破坏社会稳定的行为

习近平指出:"对一切分裂祖国、破坏社会稳定的行为都要依法打击。"[2]打击试图分裂国家、危害国家利益、践踏民族尊严的行为,要有法可依,依法

---

① 《习近平对黄大年同志先进事迹作出重要指示》,《党建》,2017 年第 6 期。

② 习近平:《依法治藏富民兴藏长期建藏 加快西藏全面建成小康社会步伐》,《人民日报》,2015 年 8 月 26 日。

打击。通过制定、不断完善和严格执行相关法律,震慑和打击分裂分子、破坏分子。

对危害国家安全、损害国家利益的行为,要依法打击。2014年11月1日,习近平签署中华人民共和国主席令第十六号:《中华人民共和国反间谍法》已由中华人民共和国第十二届全国人民代表大会常务委员会第十一次会议于2014年11月1日通过,现予公布,自公布之日起施行。①

三、新时代爱国主义思想的独特价值

新时代爱国主义思想是对中华民族爱国主义优良传统的创造性转化和创新性发展,是凝聚民族复兴力量的、调动人民积极性的精神旗帜,展现了民族情怀和世界担当,体现出开放的品格和自信的胸襟。

(一)创造性转化和创新性发展了中华民族爱国主义的优良传统

新时代爱国主义思想与中华民族爱国主义优良传统一脉相承,又结合新的时代背景、社会条件和融入新的内容要素,对中华民族爱国主义优良传统实现了创造性转化和创新性发展。中华优秀传统文化和中华民族爱国主义精神是新时代爱国主义思想的文化之基、精神之源。中华五千年博大精深的优秀传统文化,"先天下之忧而忧,后天下之乐而乐""夜阑卧听风吹雨,铁马冰河入梦来""人生自古谁无死,留取丹心照汗青""苟利国家生死以,岂因祸福避趋之",滋养着爱国主义思想。新时代爱国主义思想是中华民族爱国主义传统的创造性转化和创新性发展。党的十八以来,习近平多次提到,推动中华优秀传统文化创造性转化和创新性发展。中华民族爱国主义传统,如

---

① 《中华人民共和国反间谍法》(2014年11月1日第十二届全国人民代表大会常务委员会第十一次会议通过),《人民日报》,2014年11月13日。

果不能实现创造性转化,那么传统就只能是传统而不会变成现实;如果不能实现创新性发展,那么历史就只能是历史而不会走向未来。习近平把实现中国梦与爱国主义思想结合起来,在科学内涵、价值意义和践行路径上不断拓展了新时代爱国主义的新内容、新境界,使得爱国主义为新时代实现中华民族伟大复兴的中国梦而源源不断地提供强大精神动力。

(二)凝聚民族复兴力量的精神旗帜,调动人民积极性的精神坐标

新时代爱国主义思想形成于机遇与挑战并存、光明前景与艰难险阻同在的新时代,是汇聚民族力量从而有力抓住机遇、迎接挑战的精神旗帜,是调动人民积极性从而克艰化险、实现中国梦的精神坐标。党的十八大以来,全面深化改革取得重大突破,民主法治建设迈出重大步伐,思想文化建设取得重大进展,人民生活不断改善,生态文明建设成效显著,强军兴军开创新局面,港澳台工作取得新进展,全方位外交布局深入展开,全面从严治党成效卓著,取得了全方位、开创性的成就,实现了深层次、根本性的变革,比历史上任何时期都更接近、更有信心和能力实现中华民族伟大复兴的目标。然而光明前景与重大挑战、重大风险、重大阻力、重大矛盾并存,因此为实现中国梦,党和人民必须要进行具有长期性、复杂性、艰巨性的伟大斗争。爱国主义精神恰恰是激励中华民族、中国人民进行伟大斗争、实现伟大梦想的精神动力。新时代爱国主义思想在新时代中国特色社会主义的历史性实践中生成,深化阐释了中华精神、民族梦想和中国品质,与中国特色社会主义道路结合推进,使中华民族爱国主义优良传统在新时代焕发出新的蓬勃生机与活力,成为凝聚中华民族复兴力量的精神旗帜和调动中国人民积极性的精神坐标。

(三)展现了民族情怀和世界担当,体现出开放的品格和自信的胸襟

新时代爱国主义思想将中华民族爱国主义意识与全球责任相结合,秉持兼容并蓄、文明互鉴的文明发展观,既展现了民族情怀和世界担当,又体现出开放的品格和自信的胸襟。构建人类命运共同体这一理念是对新时代爱国主义理论的进一步深化探索。构建人类命运共同体的理念,既体现出民族性,又具有世界性,是民族的也是世界的;既符合中国人民的利益,也符合世界最广大人民群众的利益,是全人类的共同价值追求。因此,构建人类命运共同体这一理念,获得联合国会员国普遍认同,获得全球普遍认同。构建人类命运共同体,坚持世界各国相互尊重、平等相待、合作共赢、共同发展,坚持不同文化求同存异、兼容并蓄、交流互鉴、取长补短,既为新时代实现中华民族伟大复兴的中国梦铺设和平发展的道路,也为建立更加平等均衡的新型国际关系、开启全球治理新时代提供中国智慧和中国力量。习近平将中华文明中的"和合"文化融入建立新型国际关系之中,在凸显中华文化世界意义的同时,拓展了新时代爱国主义的最新内涵和价值追求。新时代爱国主义思想不仅立足新时代中国,为中华民族实现民族复兴提供强大精神动力,而且还放眼全球人类,为国际社会和人类发展指明了方向,带来了希望和信心。

(此文发表于《华侨大学学报(哲学社会科学版)》2018年第6期,原题为《习近平新时代爱国主义思想研究》,此处略有改动)

网络民粹主义及其治理

在民粹主义第四次浪潮的大背景下，民粹主义引起了理论界的广泛关注和热议。民粹主义（Populism），又称平民主义，萌芽于 18 世纪末法国大革命时期，发端于 19 世纪四五十年代的俄国。在世界历史范围上，民粹主义出现过四次浪潮：第一次兴起于 19 世纪下半叶，以俄国知识分子和东欧农民对平均地权的强烈要求、美国西南部农民试图控制当地政府的激进行为为代表；第二次兴起于 20 世纪六七十年代，以庇隆和阿连德等人所领导的拉美民族复兴运动为代表；第三次兴起于 20 世纪末，尤其表现在东欧、北美、拉美地区；当前第四次兴起于 21 世纪初叶，以英国"脱欧公投"、特朗普当选美国总统为代表。①自 2010 年，人民论坛开始对国内外重大社会思潮进行跟踪监测，评出值得关注的年度国内外重大社会思潮。在人民论坛公布的十大社会思潮排名中，民粹主义思潮排名突飞猛进：2010 年未入前十，2011 年排名第九，2012 年排名第八，2013 年排名第七，2014 年排名第四，2015 年排名第四，2016 年排名第一。②

---

① 北京大学讲席教授俞可平在 2017 年《全球化时代的民粹主义》一文中指出："迄今为止，民粹主义经过了三次浪潮"；中国人民大学国际关系学院副教授林红在 2017 年《当代民粹主义的两极化趋势及其制度根源》一文中指出："民粹主义在历史上出现过四次浪潮。"

② 人民论坛问卷调查中心：《2016 国内外重大思潮》，《人民论坛》，2017 年第 1 期；人民论坛问卷调查中心：《2015 中外十大思潮》，《人民论坛》，2016 年第 3 期；人民论坛问卷调查中心：《2010—2014 社会思潮动向调查分析报告》，《人民论坛》，2015 年第 1 期。

一、民粹主义的概念与基本特征

"民粹主义"至今没有一个明确的定义。有学者总结概括国内学者定义民粹主义的三大类:情境型概念,社会主义语境中的民粹主义和西方语境中的民粹主义;复合型概念,政治民粹主义、文化民粹主义和民族民粹主义;类型学概念,社会思潮、政治运动、政治策略。①其中,第三种得到较广泛认可。民粹主义既可作为一种社会思潮,也可作为一种政治运动,还可作为一种政治策略。"作为一种社会思潮,民粹主义的基本含义是它的极端平民化倾向,即极端强调平民群众的价值和理想, 把平民化和大众化作为所有政治运动和政治制度合法性的最终来源,以此来评判社会历史的发展";"作为一种政治运动,民粹主义主张依靠平民大众对社会进行激进改革,并把普通群众当作政治改革的唯一决定性力量, 而从根本上否定政治精英在社会政治变迁中的重要作用";"作为一种政治策略,它指的是动员平民大众参与政治进程的方式"。②另外,民粹主义还可以作为一种意识形态。"民粹主义是一种信仰人民的意识形态,主张人民主权,号召以人民的名义改造精英统治。"③不仅如此,民粹主义既可以说是一种极端民主主义,往往打着民主的旗帜,将人民作为民主政治的主体,认为人民的认同是权力合法性的来源,主张直接民主和直接参与;又表现出极端的民族主义,常常喊着爱国主义的口号,发表种族主义和排外主义的煽动性言论,给反对者扣上卖国的大帽子。民粹主义在不同历史时期、在不同国家、在不同条件情境下,有着不同的表现和特征,其内容的丰富性、表现的多样性和特点的易变性,致使难以用一个准确的概

---

① 程同顺、杨倩:《当前中国的民粹主义》,《江苏社会科学》,2016 年第 3 期。

② 俞可平:《现代化进程中的民粹主义》,《战略与管理》,1997 年第 1 期。

③ 佟德志:《解读民粹主义》,《国际政治研究》,2017 年第 2 期。

念将其框定。

虽然民粹主义至今仍未有统一认可的概念，但有着获得广大学者普遍认同的基本特征：推崇人民，批判精英，具有草根性、非理性、泛道德化批判性、反体制的特点。民粹主义者信仰人民，强调人民的价值和理想，主张维护人民的利益，主张人民直接参与和制定决策，把人民视为所有合法性的唯一来源。相对的，民粹主义者反精英，反权威，反代表，反代议制，反对既有制度和体制。然而民粹主义者所信仰、强调的人民是"全体人民"，"全体人民"是整体性的、同质性的，是良善的、成熟的，有着共同意志和目标利益。事实上，民粹主义将人民理想化了，否定了人民群众存在的个性和差异。并且，在现实中，民粹主义者表现出的更多是非理性和极端化，非我族类即异类，异类即敌人。"全体人民"是抽象的，同样，民粹主义所否定的"精英"也是抽象的。民粹主义表现出较大的负面性：对内，分裂社会，制造对立矛盾，激发仇恨；对外，排斥其他民族，反全球化。

二、网络民粹主义的表现及特点

当前民粹主义在中国主要表现为网络民粹主义，网络民粹主义又称电子民粹主义，是民粹主义与网络相结合的产物，是以互联网为媒介的一种新型民粹主义。有学者尝试定义网络民粹主义，如刘小龙认为，网络民粹主义是"一种强调社会分为人民与精英两大整体对抗阵营的网络话语和网络行为，它推崇整体性、同质化的人民，批判作为人民对立面的社会精英及庇护他们的现行制度，主张政治应当表达人民的普遍意志"[①]。再如郭小安认为："网络民粹主义是借助互联网技术，突破法律和道德底线，美化弱者、妖魔化

---

① 刘小龙：《网络民粹主义的内涵、张力与特征》，《探索》，2016 年第 5 期。

精英的一种话语、一种思潮及其一种动员参与方式。"①中国与西方国家在选举制度上的不同,决定了民粹主义在中国不太可能出现西方那样的全国性大爆发,而往往表现在社会公共事件的网络舆论中。

21世纪初期,网络民粹主义在中国涌现。如,2003年的"孙志刚事件""刘涌案"等社会公众事件,引发众多网民直接参与讨论和批判,在网络舆论的作用下,国务院出台了新的《城市生活无着的流浪乞讨人员救助管理办法》、最高人民法院第一次提审普通刑事案件。网络民粹主义的出现,既有一定的思想基础,也有一定的网民基础,还有一定的矛盾基础。有学者认为,中国网络民粹主义源于21世纪初期的两种思潮:一个是以"反日"为主的民族主义思潮,另一个是反思改革、追求社会公正的极左思潮。②没有一定网民基础,网络民粹主义也难以存在。根据国家统计局统计数据,2000年底,我国网民数量为2250万人;③2003年6月底,为6800万人;④2009年9月,为3.38亿人。⑤2008年胡锦涛总书记、2009年温家宝总理通过互联网与网民交流,大大激发了人民群众通过网络参与社会公众事件的积极性。网民数量的增加及其直接参与社会公众事件讨论的高涨热情,在一定程度上也促进了网络民粹主义的发展。触发网络民粹主义的往往是触及社会痛点的事件,或是关于不公平、非正义的现象,或是官、富、明星的不当言行,或是涉及民族尊严、利益的事情,或是有关民生医疗教育的问题,多是激发大量群众不平、不

---

① 郭小安、朱梦莹:《网络民粹主义的话语特征及动员逻辑》,《天津行政学院学报》,2015年第2期。

② 郭中军:《警惕网络民粹主义来袭》,《社会观察》,2009年第12期。

③ 国家统计局:《经济和社会发展水平的国际比较》,国家统计局,http://www.stats.gov.cn/ztjc/ztfx/jwxlfxbg/200205/t20020530_35927.html,2001-03-29/2017-11-18。

④ 国家统计局:《江苏:优势产业发展与经济结构调整研究》,国家统计局,http://www.stats.gov.cn/ztjc/ztfx/fxbg/200309/t20030915_14302.html,2003-09-15/2017-11-18。

⑤ 国家统计局:《郭五辈:难忘的一组数据》,国家统计局,http://www.stats.gov.cn/ztjc/tjwh/tjsh-wmyqzg/200909/t20090915_67794.html,2009-09-15/2017-11-18。

满、悲愤、恐慌的事件。网民一般不对事件的是非曲直进行理性的分析，而往往一边倒地对涉事的官、星、富进行批判、贬低和否定，对涉及的底层弱势群体则极端化地推崇、美化和支持，非理性地"美化草根""仇视精英"和十分偏激地批判现实，清晰地透射出民粹主义的身影。

网络民粹主义在本质上仍是民粹主义，除具备民粹主义推崇人民、批判精英、非理性、批判性的基本特征外，还有反映自身个性的具体特征。

第一，引发的随机性和爆发性。互联网时代大大突破了传统信息传递时间和空间限制，信息共享具有很高的时效性。不经意间的一句话、一个表情、一个举动，一个小物件、一个小人物、一个小事件，都有可能在全国范围内引起轩然大波，成为引发网络民粹主义的社会公众事件，体现出网络民粹主义引发的随机性和偶然性。网络民粹主义引发的时间相对较短，事件一旦流入信息网络，在网民的点击、浏览、评论下，群情激愤，短短几个小时就有可能成为全国性热点事件，网络民粹主义瞬间沸腾、爆发。

第二，议题的多样性和一贯性。引发网络民粹主义的社会公众事件，议题涉及各个方面的内容：房价问题、餐饮消费问题、食品安全问题、医疗教育问题、贫富分化问题、素质文明问题、官民冲突问题、贪污腐败问题、精英不当言论、社会管理问题、领土争端问题等。有学者指出，当前民粹主义议题呈现出四个方面的新动向，一是阶层固化问题，二是司法公正问题，三是社会保障问题，四是环境污染问题。[①]诸多网络民粹主义议题，往往是民众关心的、涉及其切身利益的问题，触及社会痛点的问题，涉及民族尊严的问题。

第三，主体的广泛性和非核心性。2016 年底，我国网民规模已达 7.31 亿人，互联网普及率为 53.2%。[②]随着网络设备的普及，更多民众获得了较充分

---

① 刘小龙：《当前中国网络民粹主义思潮的演进态势及其治理》，《探索》，2017 年第 4 期。

② 中国互联网络信息中心：《第 39 次中国互联网络发展状况统计报告（全文）》，中国互联网络信息中心，http://www.cac.gov.cn/2017-01/22/c_1120352022.htm，2009-09-15/2017-11-18。

的网络话语权,不同年龄、学历、职业、经济状况和社会地位的参与主体可以直接地、自由地沟通表达、宣泄情绪、批判现实,因而网络民粹主义的主体参与更为广泛、更为直接、更为彻底。一方面,主体参与的广泛性、彻底性,致使网络民粹主义难以产生主体核心。在几乎人人都抓着"话筒"能够自由喊话的时代,无数杂乱声音充斥的网络话语空间,很难产生一个领袖式主体。另一方面,在"枪打出头鸟"的理念认知下,民粹主义者更愿意站在隐秘处、人群中喊话、造势,而不愿成为明确的、坚定的倡导者或领导者,尤其是在党领导人民越来越向美好生活靠近的社会大环境下。

第四,话语的偏激性和暴戾性。我国网民在年龄结构上以 10~39 岁群体为主,在学历结构上具备中等教育程度的群体规模最大,在职业结构上学生群体规模最大,在收入结构上中等水平的网民群体占比最高。年轻、学历不高、收入不高,就容易走向偏激和暴戾。[1]以这些群体为主体的网民往往不先对公众事件的真假是非曲直做理性的探究和分析,但凡是底层人民和弱势群体则一如既往、无条件、非理性的支持,但凡是官员警察、专家学者、富人明星等则多不信任、嘲讽、批判和谩骂。网络民粹主义者对不同立场、不同意见,进行打压、谩骂、人格侮辱、一贬到底。话语空间常常充斥着"无耻""脑残""汉奸走狗"等言语暴力和人身攻击。

第五,诉求的非理性和非对抗性。网络民粹主义者常会提出一些非理性、不合理的口号和要求。尤其是面对民族纷争,容易丧失理性。对现实表达不满、批判政府,但不一定是要推翻政府、反体制,而多是发泄情绪、希望政府解决涉及民生的社会矛盾问题、维护好人民大众的利益。但是如果维护人民利益的事件长期得不到解决,表达不满就很有可能从网络走向现实、从话语转化为行动。

---

① 中国互联网络信息中心:《第 39 次中国互联网络发展状况统计报告(全文)》,中国互联网络信息中心,http://www.cac.gov.cn/2017-01/22/c_1120352022.htm,2009-09-15/2017-11-18。

三、网络民粹主义的成因及影响

导致网络民粹主义的原因是多元的，既有社会改革矛盾多发的客观因素，也有政府处理不当、人民理性不足的主观因素，还有外部势力介入捣乱的外部因素。

第一，社会转型期矛盾多发，激发民众"革命性"情绪。在社会改革期、转型期，往往是矛盾多发期，也是各种社会思潮迸发期。如春秋战国时期的百家争鸣、魏晋南北朝时期的思想碰撞、近代以来的中国道路之争。改革开放以来，中国不断进行一系列改革，实现了快速发展。在不断的改革发展中，一些矛盾也逐渐暴露出来。如贫富分化、城乡分化，这些发展不平衡的问题无法在短期内解决，成为平民大众不满情绪的基础。而一些能够，也应该及时解决的矛盾，如"青岛天价大虾"事件，因部分公职人员相互推诿、不作为，使其在正常渠道无法解决。而类似于这样的问题，民众或多或少都有经历。在本就有不满情绪积累的基础上，往往事件一公布就引起网民共鸣，借机发泄情绪、表达不满、批判现实。

第二，互联网时代话语自由，缺乏健全的法律制度监督。互联网信息技术的发展和信息设备的普及，使民众获得了公开表达自己的外在条件。传统信息由政府向平民大众传递的单向性被打破，久经"失语"、长期沉默、积累不满的民众抓住"话筒"而激进反弹式地自由话语。因网络空间具有一定的隐匿性，使得一些人可以随时随意随处散布消息，能够无所顾忌、任性地发表各种言论。再加上法律制度监督监管的不健全，违法遭受惩罚的风险小、成本低，助长了各种不负责言论的滋生。一些人在利益驱动下为博眼球、引起关注，抓住社会痛点，利用普通民众不满情绪和善良本性，故意制造谣言、扭曲事实、以偏概全，激化社会矛盾。

第三,人民主体意识觉醒,但缺乏理性、尚不成熟。随着人民物质生活水平和文化素质的不断提高,人民主体意识也在不断增强。人民直接参与社会公众事件的讨论,热情高涨,而理性不足。一方面,网民一时间对网络信息难辨真假。"当真相还在穿鞋时,谣言已跑遍半个世界"。网民往往不先判断信息的真实性、客观性、全面性,而是一旦看到信息与自己的想法有不谋而合之处就开始激情评论。另一方面,即使掌握全部真实信息,网民也不好把握批判的标准和程度,往往以先行站在道德制高点的"道德宣判"代替法律审判,这种情况尤其表现在一些不违法却涉及道德情感的矛盾纠纷事件中。并且,大多数网民一般意识不到自己言语可能造成的后果,意识不到在非理性、偏激的言语攻击后,有可能会对当事人及社会造成更大的不幸和灾难。更有甚者,少数人心理扭曲,唯恐天下不乱,故意煽风点火、蛊惑民心、扰乱视听。

第四,外部势力介入,诱导民众,妄图扰乱中国社会。西方敌对势力试图对中国实施"和平演变"的计划不会停止,扰乱中国稳定发展的意图不会改变。敌对势力利用中国发展过程中的社会矛盾及相应产生的人民不满情绪,在网络空间中凸显夸大矛盾、刻意丑化政府,甚至扭曲事实和真相,试图诱导民众反政府、反体制。

要一分为二地看待网络民粹主义,网络民粹主义有其存在的合理性,对社会发展有着一定的积极作用。但是其造成的消极影响也是非常明显的。

第一,网络民粹主义的积极影响。网络民粹主义在表达社情民意、维护公平正义、推动社会改革方面起着积极作用。一些损害老百姓利益的事件,在正常渠道也许很难暴露出来。然而一个关乎人民利益、社会公平正义的小纠纷、小矛盾,在网络民粹主义的推动下就能够放大成千上万倍,就能够表达出在常规渠道和平台无法表达的社会民意,从而引起广泛的社会关注和巨大的社会效应。如"青岛天价大虾"事件,在民警"管不了"、物价局"必须过完节才能解决"的情况下，游客只能买单。游客回家后将事情经过发布到网上，引起全国舆论关注。最终维护了社会公平正义，推动了青岛市旅游局、工商行政管理局、物价局、公安局等部门的改革及规范旅游市场秩序的改革。

第二，网络民粹主义的消极影响。相对于网络民粹主义的积极影响，网络民粹主义造成更多的消极作用和更大的恶劣影响。首先，扩大负面影响，造成巨大经济损失。民粹主义者就是要将事态闹大，只有"闹大才会引起关注"，闹大的结果常常会造成人民更大的损失。"青岛天价大虾"事件显然只是个案，但是造成了恶劣影响。使得一些良心经营、本分守法的商家也受到牵连，遭受经济损失。经营多年的"好客山东"品牌岌岌可危，给事发地造成难以估量的经济损失。其次，消解官方话语权、降低政府公信力、干扰司法独立，影响国家政策方针。网络民粹主义很容易扭曲现实、混淆视听。在民粹主义的作用下，网民常常非理性、无条件地充当法官，支持弱势群体，对官员、警察、城管、富人、明星等对立面渲染的负面形象，直接进行道德审判，干扰司法机关定罪量刑。再次，容易演变为在现实中非理性的"打、砸、抢"事件，引发社会动乱。网络话语空间常常充斥着言语暴力和人身攻击，暴戾倾向在极端情绪的作用下容易走出网络而演变为现实中的社会群体暴力事件。最后，容易受敌对势力利用，给国家、人民造成巨大损失。敌对势力利用我国改革发展中出现的阶段性问题和矛盾，打着民主自由人权的旗号，恶意丑化中国。外部势力攻击我国网络，大量网络水军在网络舆论上蛊惑国民，试图扰乱中国的稳定环境、颠覆国家政权。

四、网络民粹主义的预防与消解

网络民粹主义对社会带来的消极影响远远大于其积极作用，因此必须要在其未发生时提前预防，在发生时及时消解。网络民粹主义的预防和消解主要从以下五个方面入手。

第一，努力促进和维护社会公平、公正。不患寡而患不均，财富分配不均往往会引发不满情绪和产生不公平心理。当前我国贫富分化的问题仍存在，东西部、城乡发展不平衡的形势依然严峻。这些问题的存在就容易使贫困人民产生不满情绪和不公平心理，这就为民粹主义的滋生提供了条件。因此，国家必须要在收入分配上控制住贫富差距的继续扩大，努力缩小差距；要做好扶贫脱贫工作，通过制定政策来帮助贫困人民从根本上解决基本生活问题；要不断完善社会保障体系，解决人民群众在就业、教育、医疗、居住、养老等方面的难题；要让改革发展的成果更公正地惠及全体人民，实现全体人民的共同富裕。

第二，畅通民众诉求表达渠道，正确对待和及时解决民众诉求问题。人民群众在正常渠道无法表达和满足个人正当利益诉求，就会转向网络表达对政府官员和现有体制的不满，积累和奠定了"仇官""反体制"的基础。因此，必须要确保官方民意表达和利益诉求渠道的时时畅通，还要不断扩大和完善民意反映渠道，使人民群众能够方便、快捷地反映问题。明确划分每一政府部门责任区域，明确政府部门内每一名公职人员权责范围，将职权信息公开化、运行过程透明化，确保人民群众知情权和监督权。公职人员对待人民群众的诉求必须要端正态度，做到及时反应、开展调查和公正处理，失职行为必须要受到相应惩罚。

第三，建立和完善"网络协商民主"平台，汇集多方观点和意见，寻求广泛社会共识。社会主义协商民主是我国民主政治的特有形式和独特优势,要让协商民主的独特优势在网络平台中进一步扩大。由各级政府主导建立"网络协商民主"平台,"网络协商民主"平台是政府、不同职业和阶层的人民进行相互交流互动的平台,鼓励广大人民群众实名注册、参与沟通交流。在平台中,政府和人民都可以设置议题,建立"房间",共同讨论和协商。在平台中设置专门人员,就人民群众的问题和意见给予即时回复和解答。在沟通交流、对话协商中,增进互相理解,消除误解和分歧,解决纠纷和矛盾。就社会重大项目,尤其是涉及人民群众利益的项目,在做出决策之前,应先在平台中进行充分讨论,广泛汇集良策,避免决策失误。

第四,健全网络言论监督和管理体系,努力做到"疏"与"堵"有机结合。建立和不断完善公众网络平台发表言论实名制,使网民发表公开言论"有所顾忌",树立公开言论责任意识。照亮网络空间的每一个阴暗角落,使造谣生事者、故意混淆视听者、刻意捏造和扭曲事实者无所遁形。建立和完善网络言论关键词筛选体系,对敏感词汇、可能造成危害的内容等进行审查、过滤和追踪监控,预防和及时解决存在的危机隐患。不仅要"堵",更要"疏"。面对在网络中公开宣泄情绪、表达不满和偏激批判及使用不文明、暴戾言语的网民,要从正面积极引导、开解,以理服人、以情动人,倡导文明言行举止,弘扬社会主义核心价值观,帮助他们摆脱负面情绪、重拾信心。

第五,提高人民法治意识,完善公民理性教育,加强网民道德自律。在全面依法治国的时代,要学法、懂法、守法,自觉维护法律的权威。涉及违法的事件,要走正常的法律渠道。不代替法律进行"群众广场审判",不影响、干扰司法独立。对于不违法而关乎道德的事件,谨慎以站在道德制高点的姿态对当事人进行道德审判,切勿在悲剧的基础上再造成更大的悲剧。要学会谅解、多包容,仁者爱人。对于任何网络信息,尤其是具有情绪煽动性的信息内容,首先要判断其真实性,在真伪难辨、信息不全、真相未出的情况下不轻易下结论、做批判。即使面对已切实损害国家人民利益的事件,也要冷静分析,寻求能实现国家人民利益最大化的解决办法。

（此文发表于《高校社科动态》2019 年第 3 期,原题为《网络民粹主义及其治理》,此处略有改动）

民主政治的海外研究

- 媒体与政治
- 竞选资金与美国民主
- 新自由主义、危机与去政治化的矛盾
- 下一次经济危机：数字资本主义与全球警察国家

媒体与政治*

回顾了大众媒体对政治产生影响的最新经济学文献，重点是大众媒体的福利效应。同时探讨了经济学因素之外，媒介效应对现有行为理论可能产生的影响。

一、引　言

关于媒体的作用,在民主进程中出现了两种截然不同的声音。一种观点认为,媒体重要是因为它可以向大部分理性选民提供信息。大卫·斯特龙伯格将此称为媒介效应的理性认知模式。在这种模式下,媒体提供的信息使选票更加能够反映出政策结果的质量,也就完善了政治选择和奖励机制,并最终对政策和福利制度的质量产生有益影响。媒体可能会带来一些系统性的偏差,有时迫使政治家们在错误的问题上努力,或者可能诱导他们去迎合选民们错误的观念。但通过完善的政治问责制,媒体的主要作用还是积极的。大众媒介效应以及媒体偏见的观点被大多数经济学研究者所认同。

另一种观点认为，媒体通过宣传并利用选民的认知错误来显示其重要

* 原文作者［瑞典］大卫·斯特龙伯格发表于《经济学年度评论》(*Annual Review of Economics*) 2015 年第 7 期,此为本书作者翻译的译文,该译文发表于《甘肃行政学院学报》2017 年第 1 期。

性。其中的关键理论是媒体的议程设置、启动效应和框架理论，下面具体解释。令人恐惧的是媒体可以操纵选民对自己的利益采取行动。举例来说，Entman 在描述媒体框架时（1993 年）写道："当经验证据看起来可塑时，就算是真诚的民主党代表又该如何正确地应对舆论呢？所以容易受框架效应影响吗？"Krosnick 和 Kinder 描述媒体的启动效应时（1990 年）说道，就好像人们被"一场关于故事和照片的雪崩一扫而空"。Iyengar 和 Kinder 在描述那些沦为媒体启动效应牺牲品的人们时（1987 年），用了"受害者"一词。以上就是传播学领域中媒介效应的主导范式。

两种观点之间存在差异的一部分原因在于参考系的选择。那些强调媒体积极作用的观点通常使用零媒体的参考系。那些强调媒体消极作用的观点，并不是说媒体没有一丁点儿积极作用，只是没有发挥其全部潜力而已。在 Zaller 看来（1992 年），媒体灌输给选民"如果意识到最佳可用信息并进行分析，他们就不能持有这些信息的意识"。鉴于这种参考系，媒体被认为只有当它扭曲了人们的选择，比如说通过制造偏见，才会产生影响。

这些文献之间有明显的"异花受精"的可能性。了解那些存在偏见的媒体的负面效应，有助于我们第一时间搞清楚以积极因素为基准的效应，并借此说明偏见是有害的。然而议程设置、启动效应和框架理论模型的行为要素有很大的潜力使理性认知模式更加多样化。大卫·斯特龙伯格概括了如何通过 Mullainathan 基础记忆模型将这些模型整合到理性认知模型中（2002 年）。

理解媒体作用的关键是调查哪些变量看起来在发挥影响力。下面将讨论媒体如何影响选民，特别是在他们获取信息的水平和投票选择的方面，还将讨论媒体对选择和激励政治家，以及对政府政策产生影响的证据。

第二部分提供了一个简短的关于媒介效应研究的背景介绍。接下来的部分处理来自媒体报道、媒体偏见和媒体捕获的影响。在每一部分中，首先论述媒介效应的理性认知模型的逻辑和证据，这种媒介效应对选民、政治家和政策都会产生影响。然后将探讨如何整合传播学领域中各种模型的关键特性,使之改变媒体的福利效应。第三部分评述媒介效应受政治报道数量的驱动,不论是从整体上还是在具体事件中。同时,将浅析议程设置和启动效应理论,因为事件报道的数量也在推动这些问题。第四部分涉及媒体意识形态偏见产生的影响。在这当中,也会讨论框架效应,因为大多数框架效应是由事实的选择性包含或省略推动的,并且与经济学家如何为意识形态偏见建模密切相关。第五部分分析了一些媒体机构受控于政府的原因,以及这样产生的后果。第六部分论述了在非民主国家政府对媒体的使用情况。第七部分探讨了一些关键性见解,第八部分则是结论。

二、背　景

关于大众传媒影响的现代经验式研究开始于 20 世纪 30 年代,部分原因是希特勒和墨索里尼在他们的宣传活动中,对媒体的看似有效利用。与此同时,无线电的使用得以快速发展。早期的研究认为,媒体可以轻而易举地将信息灌输给人们,并通过宣传给他们洗脑。如果媒介效应的这个模型是正确的,那么媒体的权力将有一个巨大的负面潜力。

然而这种所谓的"皮下注射论"没有在严谨的经验式研究的第一次浪潮中存活下来。第一次大规模的研究发现,广播和印刷媒体对人们的投票意向具有相对较小的直接影响(Lazarsfeld,Berelson 和 Gaudet,1944 年;Berelson,Lazarsfeld 和 McPhee,1954 年)。在 1940—1948 年间的竞选活动期间,这些研究每个月都会采访靶向调查对象。最重要的发现就是,媒体似乎主要是加强选民的前期意志,而不改变他们的投票意向。这可能是因为很少有受访人改变他们的投票意向,也可能是因为人们把自己暴露在媒体之下,分享他们前期的观点。同样,实验研究表明,尽管宣传性的电影让人了解事实,但他们几乎不会明显地改变态度（Hovland，Lumsdaine 和 Sheffield，1949 年）。在 1960 年，Klapper 认真梳理了现有的证据，他（1960 年）认为"大众媒介更大程度上充当了加固剂的角色而不是催生改变"。让许多媒体研究人员失望的是，媒体对投票的影响微乎其微的观点成为传统思维。针对这些发现，研究人员提出了一套全新理论：媒体产生影响并非由于人们接收到的信息与他们的先验信念（议程设置、启动效应和框架理论）产生冲突。

但是不要着急，这些研究究竟发现了什么，为什么它令人失望？更详细地说，Berelson，Lazarsfeld 和 McPhee（1954 年）发现，在竞选期间的媒体曝光率增加了选民有关于候选人政治立场问题方面正确信息的数量。他们发现，无论怎么控制其他变量，媒体曝光总是使得政治信息出现差异。媒体曝光率不仅提升了民众对政治的兴趣，也加强了政治偏好的力量，同时提高了选民的投票率（控制选举中的利益水平）。负面效应是由强调竞选活动不能够导致任何投票意图的大规模改变造成的。

虽然这对于那些认为媒体可以通过进行党的宣传来大规模影响选民的人来说是坏消息，但对那些关心媒体在建立问责制中作用的人来说就是好消息了。看起来选民们似乎正在试着了解候选人的真实情况和立场，他们正在提升对政治的兴趣和参与热情。

事实上，如果媒体真的重要的话，这些发现即使不是全部，也有大多数都合乎情理，因为它将信息传递给缜密而又理性的选民。由于在一个特定的活动中，相对于预先存在的信息，接收到新信息的数量是有限的，所以竞选活动的影响可能很小。从媒体曝光的长期变化来看，更可能产生可衡量的影响，比如说引入一个新的媒体，就可能永久性、根本性地改变选民之间的媒体曝光率。更深远的影响也能在竞选活动中找到，那就是媒体曝光可以揭示重要的、意料之外的信息（就像 Ferraz 和 Finan 在 2008 年、Chiang 和 Knight 在 2011 年提到的那样，后面将会谈到）。最终，以理性的选民和信息翔实的媒体为基础的模型,不约而同地认为媒体的意识形态加强了先验信念,并使选民两极分化。然而从平均来看,却对党派投票只有很小的系统性影响(Bernhardt、Krasa 和 Polborn,2008 年;Chan 和 Suen,2008 年)。这是由于理性党派的消息选择和信息过滤造成的。

让我们回到传播学中对媒体影响力的主导行为模式的探讨。议程设置理论指的是,对一个事件的媒体报道使人们认为这个问题是重要的(McCombs 和 Shaw,1972 年)。启动效应是指人们以媒体报道的事件为基础对政治家们进行评估(Iyengar 和 Kinder,1987 年)。这都意味着,对一个特定问题的报道量会引导选民关注此事件。他们是基于记忆的模型,假设人们基于各种考虑所形成的观点是最容易获知的,并且媒体对一个事件的报道,使该问题相关信息的获取变得更加便利。更重要的,并不是关于这个事件的信息产生了影响,而仅仅是这个事件本身获得了一定量的报道(Scheufele 和 Tewksbury,2007 年)。因此,下面将在第三部分讨论这些理论。

与之相反,框架理论是基于这样一个假设:以新闻报道为特点的事件是怎样对它如何被观众理解产生影响的。议程设置和启动效应影响人们想什么,而框架理论影响他们如何想。关于框架理论的媒体研究常常归功于 Goffman(1974 年)、Kahneman 和 Tversky(1984 年),但他们之间的联系是相当松散的。框架理论大部分涉及选择性包含或者对确切事实类型的遗漏,这对政治问责将会很有价值。这种选择性包含和遗漏的事实已被经济学家在媒体偏见的标签下进行了广泛分析(Baron,2006 年;Mullainathan 和 Shleifer,2005 年;Gentzkow 和 Shapiro,2006 年)。因此,下面将在第四部分讨论这些。

三、新闻报道

这一部分集中在有关政治方面媒体报道的数量，不论是从整体上还是在具体事件中。内容被假定十分翔实且无党派偏见（包括微不足道到足以忽略的常见偏见）。在第四和第五部分中，报道可能系统性地支持一方。

（一）理论

首先，大卫·斯特龙伯格描述了一类模型，这当中的选民是理性的，媒体重要是因为它传递了信息。在信息量巨大的媒体对政治问责产生影响的标准模型中，有三类参与者：选民、政治家和媒体。选民试图选出那些将给他们最实用好处的政治家；政治家试图获得连任，也许会享受政治租金；而大众媒体选择政治报道以实现利益最大化。这个模型包含两个构建模块。第一个模块分析了信息在政治上的作用，第二个模块分析了媒体的新闻选择。这种建构方式首先被 Strömberg（1999 年）使用，随后被用于许多文章中，专注于媒体接入、新闻报道、媒体偏见和新闻捕获的影响。

大卫·斯特龙伯格使用 Prat 和 Strömberg（2013 年）的模型作为研究样本。在这个模型中，媒介效应是由致力于政治报道的总量和关于此事件相关报道的分布问题决定的。如果一个事件被定义在政策领域，比如失业或少数民族问题，最重要的一点是，政治家可以对其投入资源和关注。新闻报道可能与新闻报道的数量和每一条报道的事实选择存在差异。举例来说，一个新闻节目可以运作一个关于失业福利的故事，或者是一个新的住房项目的故事。当涉及房屋项目时，这个故事可能包括该项目将如何影响就业或房屋价格的事实。

该模型有两个时期，所以选民可以选择是否重新选出一名在位者。通过

"i"进行索引的"I"政策问题,是选民可能关心的问题。大卫·斯特龙伯格写下个人投票选择的情况,因为将来在讨论媒介效应的核心模型在传播学中的使用情况时会有用。如果"w_i"表示事件"i"对个体"j"的重要性,

$$I \sim \sum w_i E\left[\triangle u_i\right] \geqq \beta_j$$

$$(1)i=1$$

那么选民"j"则会更倾向现任在位者。这对受政策问题影响的人们来说相当于一,而对其他人而言则为零。相对于挑战者,如果现任胜出的话,术语"E[$\triangle u_i$]"引发了问题"i"的预期效果的差异。而这种预期取决于个体"j"是否被告知。媒体之所以重要是因为它增加了选民对现任和挑战者之间的实际政策差异的响应性,也就是"[$\triangle u_i$]"。最终,"β_j"是一个外生偏好参数。

媒体变化所产生信息的具体类型影响着"E[$\triangle u_i$]"。要投出正确的一票,公民需要知道由谁提出或负责,是什么政策,以及有什么样的影响。媒体重要是因为它向选民传递关于这些事实的信息。在 Prat 和 Strömberg(2013年)的模型中,这是关于政府服务质量的信息,用来推断现任在位者对问题"i"的预期能力。然而在 Strömberg(2004a)看来,这却是关于谁提出了什么政策的信息。

由于为理性的选民提供信息,因此媒体在这个模型中改善了福利。作为媒体告知的对象,选民需要使用媒体并找到信息。让"r_i"成为小组"i"中媒体用户的份额,让"q_i"成为关于事件"i"报道的数额。在对事件"q_i"的报道中,$\rho(q_i)$的可能性,也就是一个媒体用户找到关于事件"i"的信息的可能性,被认为是增加的。因此,知情的选民的份额是:

$$s_i = r_i \rho(q_i)$$

$$(2)$$

在这个模型中,知情选民的份额推动着积极影响。例如,努力和选择强化了"s_i"的功能。该模型产生了一组可测试的启示。重申 Prat 和 Strömberg

(2013 年)的三个命题:

命题 1: 在以下方面有所增加:

　　(a)媒体用户的份额"r_i",或者

　　(b)该问题的媒体报道量"q_i",它导致了以下结果的增加

　　(i)知情选民在"i"组的份额

　　(ii)投票对事件"i"感知能力差异的回应性

　　(iii)"i"组中选民对政治家的努力(支出)和预期能力

　　(iv)现任在位者的平均投票份额

如果他或她在问题"i"上的能力高于一个普通的政治家,那就更是如此了。

这个命题解释了媒体如何提高在一个问题上的政治问责性。字母 a 和 b 区分媒体变化的类型,数字 i-iv 展示了这种影响的结果。该命题指出(a)谁得到新闻以及(b)选民信息所涉及的问题是什么。知情选民对不同政治家之间的能力差异更加敏感。这提高了政治激励和选择作用,并最终提高政策的质量。

在这种模式中,新闻消费的一种积极外部效应造成了市场失灵。知情的选民改善了决策过程,这是对所有选民都有好处的。人们可以坐下来,搭乘别人努力的顺风车去考虑政策和了解候选人。由于这种外部效应,市场将提供极少的新闻报道和新闻消费。Strömberg(2015 年)明确地模拟这种外部效应,并展示出社会最优的解决方案可以通过对媒体渠道的补贴或通过公共服务媒体来实现,也就是说增加政治报道的数量以及受众的覆盖范围。

媒体报道的方向也可能不是最符合社会期望的。政治信息将是对娱乐或用于指导个人行动的信息需求的副产品。在 Prat 和 Strömberg(2013 年)的模型中,个人行动的动机驱动着需求。同一个小组的成员在一些特性上的差异驱动着媒体报道。这四个命题描述了他们的模型预测的新闻制作过程及其政治影响。

命题2:关于小组 i 发生事件的媒体报道;以及因此产生的政治努力和政治能力将会更大,如果:(a)小组 i 规模更大;(b)它有一个更大的广告潜力;或(c)这个事件从新闻意义上来说更值得报道,(d)向这个小组散布消息很廉价。

从福利最大化的基准来看,上述命题描述的是什么事件将得到太多的关注和资源。例如,从新闻意义上来说更具有报道价值的事件,如火山喷发、抗旱救灾的费用,媒体的报道可能会引发非常多的政治行动。在这个意义上,如果使用的方式不同,同样的资源可以产生更高的福利。Strömberg(1999年,2004a)更详细地讨论了这种类型的偏见引起的福利损失。

存在实践经验的证据支持上述命题中的大多数陈述。这在 Prat 和 Strömberg(2013 年)的文章中得到了验证。现在这里用对福利效应作用的强调和它与那些著作在经济学之外的联系来讨论一些这方面的证据。

(二)媒体和选民

观众规模的大小影响媒体报道的数量（命题 2a）已经被 Snyder 和 Strömberg(2010 年)经验化地记录下来。他们以群组规模看似合理的外部变化来识别媒介效应。在案例中,一个群组就是一个国会区的选区。他们定义了一份报纸和一个国会选区之间的一致性, 以此作为在某一指定地区生活的报纸读者的平均份额。从幅度来看,他们估计,在一致性方面从零到一的增长是与170 多篇关于议员的文章相关的。少数族裔的观众份额也与媒体报道有关（Siegelman 和 Waldfogel,2001 年;George 和 Waldfogel,2003 年; Oberholzer-Gee 和 Waldfogel,2009 年）。

媒体催生的规模庞大的学习活动是积极媒介效应的核心。媒体将这样做似乎是先验可能的。知道谁负责什么政策,有什么效果,与大多数人的经验相距甚远。因此,大型社会中的公民获取的大部分政治信息,如政治运动和大众传媒,是依赖于其他人的。对这些可能的来源,调查的受访者定期引用大众媒体作为他们获取政治信息的主要来源。然而一些认知理论支持信息排挤。结果可能是媒体关注琐事，并从人的头脑中排除相关的政治信息。

从报纸中获得的证据（命题1i）始终表明它具有显著影响。在Berelson，Lazarsfeld和McPhee（1954年）经典的研究中，他们发现在1940年和1948年的选举活动中，那些在媒体高曝光率下的选民比其他选民知道得更多。当然，也可能是使用媒体更多的选民对政治更感兴趣，并且能够从竞选和个人间的相互作用中获得更直接的认识。因此，报纸的影响可能很难单独鉴别。在实验室研究中总是避免这些选择的问题（例如Neuman，Just和Crigler，1992年，Norris和Sanders，2003年），而且发现人们通过在实验室看新闻来学习。然而日复一日年复一年的媒体曝光对选民的知识结构或在选举日做出的选择所产生的影响是很难概括的。Mondak（1992年）运用了一个类似实验，1992年匹兹堡的报纸罢工运动导致这个城市的两家主要报纸关闭了八个月。不幸的是，他只有一个关于受访者对当地政治了解的自述式判断。

Snyder和Strömberg（2010年）发现，当地的报纸是政治信息的主要提供者。为了确定报道的因果效应，他们使用上文讨论的受众规模的外生变化，分析来自1984—2004年美国全国选举研究的调查结果。他们的估计表明，如果没有报纸的报道，可以确定其代表的份额将从31%下降到15%。在豪斯地区的选举中，因为外生原因，那些生活在报纸报道豪斯地区代表的选民们，能更好地准确说出至少一位候选者的名字。选民们也更愿意将他们的代表置于意识形态中，评价他们对代表们的感受，提及其代表让他们喜欢或不喜欢的事情。

政治信息在上述模型中的关键作用是增加选民的响应性（命题1ii）：信息使选民能够识别和惩罚那些对他们不利的政治家，并奖励优秀的政治家和政策。这创造了良好的激励和选择效应。

早期的投票研究并没有发现太多证据表明媒体增加了反应性。这可能不会令人惊讶,因为在研究的活动中,很少有新的信息透漏将会系统地支持一方。

然而研究已经发现媒体对响应性的影响涉及新的、令人惊讶的信息。举例来说,Ferraz 和 Finan(2008 年)发现,广播增加了选民对巴西市长之间的腐败信息的反应。在一个有地方广播电台的选民惩罚了更多比一般人更腐败的市长,同时奖励了更多比腐败平均水平低的市长。

Larreguy,Marshall 和 Snyder(2014 年)研究墨西哥选民对市政审计报告反应的媒介效应。与 Ferraz 和 Finan 相似,他们将那些在选举之前一年就公布了审计报告并从中披露出来从事不正当行为的市长们与那些直到选举后才公布他们的审计报告的同类市长进行了对比。他们利用位于该市覆盖了广播和电视的选区中的市内变异, 并且这种变异最终涉及更多的相关审计报告。他们发现,选民们惩罚有贪官污吏的政党,但这只出现在被当地媒体站点覆盖的选举区。

Banerjee 等人(2011 年)在印度发现了相似的结论。选举前夕,一个印度大城市的贫民窟正在进行随机抽样的居民收到了载有报告卡的报纸, 这些报告卡含有现任立法者的表现以及现任者和两个挑战者的资格的信息。相对于控制贫民窟,管理贫民窟容易获得更高的投票率、更少的贿选、对表现更好的现任在位者更高的投票份额,以及由此产生的更加能胜任的在位者。

对一个特定事件的媒体报道,也可以增加选民在该事件上的反应性。这是一个关于上文提到的理性认知模型的预测(命题 1bii),同时也是关于媒体影响力的议程设置和启动理论的关键预测。一个非常广泛的文献对议程设置和启动假说进行了测试。下边将会进行讨论。

(三)政治家和政策

媒体似乎提高了选民的响应性。接下来的问题是,这种提高了的响应性是否能够显著影响选民的选择以及政治家们的行动(命题 1iii)。

一些研究发现这可以成为一个案例。Ferraz 和 Finan(2008 年)发现,一个拥有广播站的市政府不太可能重新选举高度腐败的市长。这对重选市长的选择性有直接的影响。

Snyder 和 Strömberg(2010 年)发现更高的政治媒体覆盖率提高了政治家的可选择性和激励作用。作者分析了 1982—2004 年间唱名投票、委员会的任务,以及出现美国国会议员见证人的材料。他们发现,从外源性原因来看,来自高媒体覆盖率地区的国会议员很少在思想上走极端、更频繁地投票反对党的领导人、更容易在国会听证会前作证。此外,他们更可能在选区导向的委员会任职,而不太可能在广泛的政策导向的委员会任职。①

在数量上,他们的估计意味着,一个关于豪斯议员的约 110 篇报纸文章的额外增加与一个额外的证人出庭相关,并且每四个额外的关于豪斯议员的报纸文章都有一个额外的投票来反对党的领导。

上面提出的证据表明,大众媒体告知选民,这些信息增加了选民投票率和选民的反应。反过来,这提高了政治的激励作用和选择性。我最后提出这会影响政策的证据。对媒体变化的三种类型进行检查:媒体接入的变化,政治报道的数量和对特定事件的报道。

首先,有几家报纸发现,媒体接入改善了政策的结果。Strömber(1999 年,2004b)发现,那些由于当地拥有良好的接收条件而有较大比重收听广播的郡县,明显从"新政"计划中得到更多支出。广播的普及,显著改善了农村地区的情况。广播电台也增加了选民的投票率,特别是在农村地区。用影响接收质量的外生因素——地面电导率和林地的占有率,来检测广播电台所有权的结果是稳健的。Besley 和 Burgess(2002 年)研究了几组在印度这个国家

---

① 国会议员也许是为选民工作,例如通过考虑选区(而不是政党)在投票中的利益,或者通过在国会听证会前作为一个证人出现。

里,报纸发行量对公共食品分发和灾害救助的影响(1958—1992 年)。他们的主要发现是,报纸发行量与对救济的需求量之间的相互作用是积极的。这意味着在许多人都能接触到报纸的国家,支出与需要之间具有更高的相关性。也就是说,在一个报纸发行量很高的国家,支出对需求更加敏感。

其次,保持媒体接入常数与政治相关报道的总量似乎是很重要的。Snyder 和 Strömberg(2010 年)发现按人均分配的联邦基金更多的是被分配到媒体更大程度报道他们的政治代表的地方,预计影响十分巨大。一个标准偏差在一致性上的增加（这与每个代表大会所拥有的约 50 篇额外的文章相关）使人均分配的联邦支出提高了 3%。同样的,Lim 等人(2013 年)研究了美国的州审判法院的法官对报纸报道的影响，他们利用司法区和报纸市场之间的一致性来识别这些影响。他们发现新闻报道大大增加了句子的长度。

最后,存在证据表明对特殊事件或问题的报道影响着政策。这是议程设置对政策效应的研究中的主要假设。这项研究很典型地进行了事例研究,或者对在媒体关于某一问题进行报道期间的联合行动进行研究，公众将问题和一些政策结果联系起来的重要性,在 Dearing 和 Rogers(1996 年)的研究中可以看到。然而关于媒介效应令人信服的证据却很难从这些相互关系的类型中建立起来。更严重的问题可能出现在新闻中并获得政策关注,很难令人信服地控制住事态的严重性。另外,政治议程可能同时驱动媒体报道和政策走向,并最终创造出一个颠倒性的随机问题。

为了努力去解决这个问题,Eisensee 和 Strömberg(2007 年)分析了被报道问题所产生的影响，因为身边并没有多少其他的消息。他们研究自然灾害。情况是一些有边际新闻价值的灾难并不会在报纸中被报道,因为他们会在很容易获得较多有竞争性的新闻故事的时候出现。他们发现奥运会将关于自然灾害的新闻报道排挤在外，这减少了美国政府提供救济的可能性。他们使用更普通的测评方法去衡量其他容易获得的消息的数量,并发现了他们所具有的相似影响。结论就是新闻报道对放松政治压力有一个随机的影响。

(四)议程设置和启动效应

现在将讨论理性认知理论如何不同于信息文献中的两个主要理论。议程设置理论是指媒体对一个问题的报道使人们相信这个问题是很重要的(McCombs 和 Shaw,1972 年)。启动效应是与之密切相关的想法,也就是媒体报道会影响政治家去评价什么问题(Iyengar 和 Kinder,1987 年)。这些模型与上文提到的理性认知模式在一定层面上是相似的:对问题的报道量驱动着选民的反应,但机制是不同的。

议程设置和启动效应是有限的理性模型,对一个特定问题的报道使选民关注这个问题。两者都是基于记忆的模型,假设经过考虑再形成态度的人们是最容易接近的,而对一个问题的媒体报道又提高了对该问题信息的获取率。生物学家和心理学家,比如 Schacter(1996 年),对记忆的研究支撑着基于这些理论的记忆过程。Iyengar 和 Kinder(1987 年)解释说,"启动效应呈现了这样一种情况:在评估复杂的政治对象——现任总统的表现,或者一个总统候选人的承诺时,公民并不会将他们所知道的一切都纳入考虑范围。即使是被诱导着,他们也不会这样做。他们所考虑的是能够想到的那些方便获取的零碎政治记忆。大卫·斯特龙伯格等认为,电视新闻是一种最强大的强制性力量,它决定着什么样的信息可以进入公民的头脑,什么样的信息不能进入。电视台通过启动国民生活的某些方面、忽略其他方面而给出政治判断、做出政治选择,并以此来设置条件"。重要的并不是关于这个问题的信息产生了影响,而只是因为这个问题已经占据了一定的处理时间和注意力(Scheufele 和 Tewksbury,2007 年)。

这种影响的典例是 1948 年的美国总统竞选 。Berelson,Lazarsfeld 和

McPhee(1954 年)认为杜鲁门将会超出大众预期赢得选举,因为国家的重点已经从国际问题转移到了"新政"问题,而在这方面他和民主党具有优势。选民已经知道了杜鲁门和杜威在这些方面上能力的相对差异。然而媒体报道通过使"新政"问题在选民脑中突出的办法设置了议程。

很大一批文献对议程设置和启动假说进行了测试。一个典型的议程设置研究了一部分调查受访者与媒体议程之间的问题,这部分受访者需要回答一个特定的问题,即"国家当前面对最重要的问题是什么",而媒体议程用报道每个问题的新闻故事的数量来衡量。他们认为媒体议程推动了公众议程(见 Dearin 和 Rogers 在 1996 年的"一个调查")。

Iyengar 和 Kinder(1987 年)提出了一个领先的关于启动效应的研究。在一个实验室实验中,他们招募了大纽黑文的 63 名居民。参与者在一周的过程中每天观看一个长达 30 分钟的新闻。他们被随机分配到关注国防、通货膨胀或失业等不同的新闻。在最后一天的实验中,受访者被要求对里根总统在这些问题上的表现进行定级,此外还要评估总统的整体表现。然后研究回归到对国防、通胀和失业进行评估的整体评估,与控制组的样本进行合作。研究发现,对已经准备好关于防御新闻的小组来说,防御评估的系数略大,对其他问题[1]也是。类似的结果已被发现在该领域,例如,在波动的横截面或区域之间,运用竞选中的改变以及媒体对调查态势之间问题的关注。

当然,除了选择性回忆,这些影响是有合理解释的。新闻报道可以告知选民们总统在一个问题上的表现,因此他们能够对这一问题做出反应。影响同样会出现,因为媒体的报道使信仰更加坚定。即使从平均来看评价没有改变,但信息增加了人们对一个特定主题评价的精确度,因此在选举决定中显得尤其重要(正如第 5 部分中 Strömberg 在 2001 年模拟的那样)。新闻报道

---

① 议程设置和启动研究通常不报告简单的媒体处理效果,例如暴露于外交政策新闻中的人是否投更多的票给共和党。重点而是媒体处理和候选人评估之间的互动关系的问题。

还可以包含表明这个问题很重要的证据。即使不能,人们可以合理地得出这样的结论:一个问题是很重要的,因为媒体报道它。重要性是一个关键的新闻价值标准,人们可以观察到一个问题是否被报道,而不会关心为什么。

最终,媒体对一个问题的报道可能会将党派在这个问题上的立场告诉给一些人。一旦获悉这些消息,这些人可能会采取他们所倾向的政党的立场作为自己的立场(见 Lenz,2009 年)。在这种情况下,选民总的评估将不会改变,只有这些和问题的立场之间的相关性发生变化。Lenz(2009 年)分析了 4 种启动效应前沿研究的数据。他发现在任何情况下,启动的结果都是由于个人改变他们的立场,使他们与其所倾向政党的立场一致。相反,Hart 和 Middleton(2014 年)发现那些被随机分配到阅读关于一个问题(温室气体或美国和国外的学生考试分数)的新闻文章的人们,在他们对总统的评估中,增加了对总统在这一问题上先前进行评价的权重。他们没有发现任何证据表明,对总统的评估在这些问题上受到影响。

议程设置和启动效应可能会使媒体福利减少吗? 为了探讨这个问题,需要在决策模型中嵌入这些影响。因为他们是基于信息处理的,议程设置和启动模型在原则上可以整合到上文提到的信息驱动的理论框架中。我们保持其他部分不变,并假设当更新他们关于政治家执政能力的信念时,选民是在议程设置和启动模型中处理信息。也可以改变政策过程的模型,比如假设政治家会受到相同的记忆限制。然而有限的理性似乎先验般无限接近公正的选民,而不是无限接近一个职业政治家。因此,我们保持政策制定过程始终如一。

议程设置和启动效应是基于信息检索的理论, 但不是完整的信息收集和处理模型。例如,它不清楚信息如何进入人们头脑中的第一个地方。一个与启动效应密切相关且善于分析的框架,阐明了这些因素都是 Mullainathan(2002 年)所讲的基于记忆的模型。在这个模型中,信息是通过一系列事件传播的。事件由一个提供信息的"x_t"和一个不提供信息的"n_t"组成。举例来说，事件可能是一个自然灾害，如飓风袭击新奥尔良。人员伤亡数量和政府的反应是可以提供信息的（x_t）。报道事件的新闻广播中的时间，或者被牵涉其中的记者是不提供信息的（n_t）。人们可能会忘记过去的信息。但可以通过与之密切相关的事件来触发唤醒这些信息。事件"t"和"k"之间的联系与"x_t"对"x_k"和"n_t"对"n_k"呈密切的参数化相关。

在 Mullainathan（2002 年）的模型中，即使是不携带信息的消息也能更新人们的观念，因为他们使信息的记忆通达。联想产生了一种对信息的过度反应（从平均水平来看），好像每个事件都可以引出相似的、提供支持的记忆来。Mullainathan 的框架也包含了记忆的衰减。记住一个事件使一个人更可能再一次记住它，但这种效果随着时间的推移而衰减。这意味着，通过启动效应进行的信息唤醒与从直接经验事件中产生的信息以相同的速度衰减。Mullainathan 的模式不允许信息排挤，同时人们也不为他们记忆的扭曲来调整对正确的预测。

在 Prat 和 Strömberg（2013 年）的模型中，选民更新了他们对政治家执政能力的观念。将 Mullainathan 的模型应用到这一设置中，假设选民在第一时期观察到的事件序列"e_t"，含有对在位者执政能力"x_t"和无效成分"n_t"永久性冲击的信息。为了捕捉媒体启动效应，事件将必须与问题联系起来。媒体报道（比如外交政策一类相似的事件）提供信息的（x_t）和不提供信息的（n_t），导致人们在看了外交政策的新闻报道之后记住其他外交政策事件。

虽然细节仍需要解决，但可能已经出现了一些猜想。首先，在这种混合模式下，媒体有可能保留一个主要的积极作用。媒体对事件的报道将增加选民对信息的可获得性，不仅是信息传输，还是对过往信息唤醒的增加。除了在记忆方面的限制，选民是理性的，更多的信息不可能使他们更糟糕。

其次，选举活动期间的媒体报道对选举效果的影响可能会更大。举个例子，在竞选期间从本质上来说并不提供外交政策信息的报道会使选民的支持产生较大的变化，因为选民对这一问题所回忆起来的过去关于执政能力的信息是与此不同的。杜鲁门在1948年的美国总统选举时，这种支持就伴随着巨大转变且具有持续性。

再次，混合模型有可能使多任务处理的问题更为严重，因为关于报道问题的所有信息被唤醒拉大了不同问题间信息水平的差距。如果保持新闻制作过程的模型，启动混合模型也会产生同一类型的偏见——受众规模、广告的目标群体、新闻价值等——但效果会更强。

为启动效应建模迫使做出一些明确的假设。一个特设的假设是，问题内部的"n's"之间关系很密切，例如在报道外交政策的所有事件中，"n's"彼此之间可能会密切相关。为了评估这个假设，需要知道更多关于记忆的过程。据推测，与政策问题相比，启动效应也存在于其他方面。而另一个假设是，人们并不理解他们的记忆是如何工作的。不难想象，如果他们理解了，那么效果会大不同。第三个假设是，启动效应与直接信息衰减的速度相同，这引发了对事实的唤醒。一个更合理的假设是，也许是直接经验的信息比从记忆中唤醒的信息启动的信息更慢（正如Gerber等人探讨的一样，2011年）。

最后，该模型假设没有信息被排挤。如果回忆起一件事实导致其他事实的遗忘，那么媒体的福利效应可能就是消极的。这种排挤假设在议程设置的一些研究中被明确提出。"在任何时刻，社会中公共问题议程的所有限制被总结成一种声音，那就是议程设置的过程就好像一个零和博弈游戏，这种观点强调了围绕关注度问题的激烈竞争。"（McCombs，2004年）在这种情况下，媒体不能从琐事中的个人经验获得相关政治信息，因此可能会产生消极作用。然而从媒体的积极学习经验式结果来看，例如Snyder和STRömberg（2010年），似乎表明信息的排挤并不占主导地位。

启动效应的这种建模方式也明确了从信息效应中凭经验区分启动效应

有多么困难。启动效应是观察一些其他事件"e_t"后,从记忆"x_k"中访问额外信息所产生的效果。但是在启动效应的实证例子中,后一个事件总是包含新的信息"x_t"。为了分离出启动效应,人们需要研究完全无信息事件的影响。

两个相关的经济学模型分别是 Sims(1998 年,2003 年)的理性疏忽模型和 Wilson(2014 年)的有限记忆模型。他们与启动效应和框架效应在两个方面存在差异。第一点,鉴于启动效应包含从长期记忆中进行不完善的检索,Wilson 模拟了一个对长期记忆的限制,而 Sims 模拟了一个对外部信息编码过程的限制。第二点,Sims 和 Wilson 假设人们理解这些限制,同时他们也是贝叶斯定理的理性更新者。然而事实正好相反,在启动效应中人们只是对可获得的信息做出反应,并不考虑唤醒过程这一部分。

Sims 的模型与第三部分的模型有关联,二者都包括一个有容量限制的信息渠道。在理性疏忽模型中,信息被假设容易获得,而且选民可以选择要注意什么信息,这给他们带来了认知约束。相反,在本文的模型中,媒体选择为选民提供最有利的信息,尽管选民没有认知限制。增加选民对本文模型的理性疏忽可以降低信息水平及对问题报道的差异。

总之,议程设置和启动的假设基于对全信息模型相关的且记录完备的背离。然而吸收这些并不能戏剧性地改变对理性认知模式的预测。主要的区别是,他们用弱化的相关信息内容来开放新闻故事中非最小化影响的可能性,并且加剧了多任务问题。

(五)多任务

现在将详细探讨媒体在政治上创造多任务问题的证据,因为议程设置和启动效应有可能使之加剧。它有助于对能够评估这些影响福利含义的多任务问题有一个好的理解。

令人担心的是,媒体可能会创建多任务的问题。在一个政治家被指控以多种任务来争夺注意力的世界上，信息也可能创造不正当的激励。选民被告知的任务（例如通过媒体）不一定是最重要的。新闻消费和需求受一个强烈的外部效应驱动，例如娱乐价值。因此，基于从媒体获得的信息来选择政治家的做法，可能冒着从最有社会价值的时间和资源分配转移了注意力的风险。这是 Holmström 和 Milgrom（1991 年）经常分析的多任务问题。上文的命题 2 识别了由新闻制作过程产生的偏见，与群体大小、新闻价值、广告商的目标群体和媒体接入都有关系。下面将梳理以上这些的经验主义证据。

1.新闻价值偏见

有一些证据表明，新闻上的新闻价值问题得到不成比例的政策关注。Eisensee 和 STRömberg（2007 年）估计，46 倍多的人必须被杀死在非洲的一场灾难中，就为了达到被电视网络新闻作为在东欧发生的一次相似灾难报道的相同概率。同样，一次干旱一定会有 2395 倍多的像火山爆发一样的伤亡，就为了获得报道估计的相同概率。因为他们发现新闻报道引发救济，他们得出结论：这导致美国对干旱受害者和非洲灾难受害者的救济产生偏见。

什么类型的问题可能从新闻价值偏见中系统性的获益？Drèze 和 Sen（1989 年）认为相比较地方性的饥饿，媒体将会诱发民主国家更有效地应对大饥荒。原因是地方性饥饿不是新闻，而大饥荒是。更普遍的是，Strömberg（2004a）引入了新闻价值并预测政策问题对支出的需求更加多变。

如果政治家们意识到不期望发生的事件更具有新闻价值，那么他们就有了动机扭曲政策来管理宣传。Strömberg（2004a）的模型预测政治家们为了这个原因将集中增加几个项目的支出，以期吸引媒体的关注。他们将会通过做出许多小的削减来实现，其中每一个都没什么新闻价值。

2.受众份额偏见

媒体倾向于将他们的报道焦点放在关系到他们大部分受众（与群体大

小不完全共线)的问题上。从政治的角度来看,这可能会伤害小的群体,如少数民族和特殊利益集团;并有利于大的集体,如大多数民族和分散的消费者权益集团。以受众的份额衡量,媒体报道的利益集团是巨大的,这显然有经验主义证据支持。

以经验主义确认群体大小产生影响的一个困难是很多因素与群体大小没什么关系(这一点不同于媒体报道)。一个有许多西班牙裔居民的地区更可能有一个西班牙语的本地电视新闻节目,但它也可能在许多其他方面是不同的,例如,有一个强大的当地西班牙裔社区及相关组织。

在保持群体总人口固定不变的前提下,是否有可能改变一个群体的受众规模?考虑到 Snyder 和 Strömberg(2010 年)的设定。豪斯地区有大致相同的人口规模,但在受众规模上则不同。这是因为受众规模取决于人们购买什么报纸。假设生活在豪斯一个地区的人们主要阅读在他们区外出售的报纸。由于他们只是这些报纸的小比例受众,所以他们的代表性不会获得多少报道。从之前的分析了解到,生活在这类区域的人们消息并不怎么灵通,投票也少,获得更少的公共开支。这是一个政策上受众规模偏见的直接证据。

也有证据表明,在比较小的少数民族地区不会有针对性的媒体,而一般媒体对他们所关心的问题也只会花费很少注意力。Siegelman 和 Waldfogel(2001 年)发现面向黑人的广播站只可用在有许多黑色公民的市场,George 和 Waldfogel(2003 年)发现黑人更可能在他们占人口份额更多的城市读到报纸,因为这些报纸更频繁地报道符合黑人兴趣的问题。同样,Oberholzer-Gee 和 Waldfogel(2009 年)发现西班牙语的当地电视新闻节目更可能在有很多西班牙人的媒体市场出现,对西班牙语当地电视节目的引进,使整个西班牙在大都市地区的产量提高了 5~10 个百分点。

Strömberg(2004a)的模型表明,假如没有预先存在的政策偏见,这种类型的受众规模效应在政策中会产生一种非预期的变化。然而这个假设在特殊利益集团面前很可能被推翻,由于信息的搭便车问题(Downs,1957年)。比如说,如果没有大众传媒,政治上可能很难主张减少贸易壁垒。极少数的消费者有足够强的个人意志力来保证自己掌握政治家们在这个问题上的立场。相反,特殊利益集团必须确保自己的知情权(Olson,1965年;Lohmann,1998年)。大众传媒可能会反对这种偏见,因为他们为政治家们提供了能够精确到达庞大且分散的消费者群体的扩音器。因此,大众传媒的扩张使用可能产生一些影响,从而降低贸易壁垒的水平。

Dyck,Moss 和 Zingales(2008年)探讨媒体是否促进了偏向消费者利益与偏向特殊利益的对抗。更确切地说,他们研究了在1902—1917年间媒体对美国国内监管立法的影响。这一时期最为著名的八卦杂志是 *McClure*。他们确认了豪斯选举40票中的23票是服从于八卦杂志的讨论的。例如,一些文章关注制药商和肉类包装商。作者们发现,*McClure* 搜集并揭发丑闻,*McClure* 在豪斯议员所代表的选区出售得越多, 议员投票支持立法的偏向消费者的程度就越大。一个潜在的担忧是,对 *McClure* 需求高的地区在其他方面也有所不同。

3.目标群体偏见

广告偏见似乎有可能增加广告主对群体价值的报道兴趣,因此,这种偏见政策有利于这些群体,但可惜只有很少的支持性证据。文献资料仍然在努力揭示这种影响的第一阶段:媒体报道的走向由这个群体的利益目标来决定。例如,Hamilton(2005年)将关于20个问题的新闻故事在每一个网站的数量与不同的人口群体份额相联系,认为这个问题应该是总统的首要任务。他发现新闻的选择与年轻观众的兴趣爱好最具有相关性。他指出这可能是因为广告主们定向了边缘消费者,比如那些没什么稳定购买行为的年轻人。尽管听起来很有道理, 但没有多少确凿的证据证明在广告主从媒体报道中获取政治利益方面群体有多少价值可言。

4.媒体接入偏见

也有一些与此相关强有力的证据表明，那些拥有媒体接近权的人能获得更好的政策(Strömberg,1999 年,2004b;Besley 和 Burgess,2002 年)。而硬币的另一面是,那些没有媒体接近权的选民冒着被政治家忽视的风险。这可能是对发展中国家穷苦选民的特别关注，其接触媒体的缺乏阻碍了他们获得公共服务 (Keefer 和 khemani,2005 年)。这一点最直接的证据可能是由Reinikka 和 Svensson(2005 年)提供的,他们发现对学校来说投递报纸更加便宜,因为他们更接近报纸批发商,可以获得更多的政府资金。在这种情况下,报纸对消息的供应可能会产生不利于农村和边远地区的政治偏见。正如上文讨论的那样,广播和电视可能会减少这种"亲城市"偏见。

(六)报道总量

鉴于政治类报道的数量似乎对政治责任非常重要，因此了解为什么会发生变化是至关重要的。命题 2 描述的因素也推动着政治方面的报道总量(Strömberg,2015 年)。由于规模报酬递增,大的政治管辖区域将有更大的政治报道总量。大国和国家内更大的政治管辖范围将有更多的政治报道,因此,也能有更好的政治选择和政治激励。致力于政治报道的资源总量也将在广告市场的总体价值中增加,而在交付成本中下降。

竞争可能会因为提高了的需求弹性而增加政治报道，或为了增加回报而减少报道。Cage (2014 年)认为竞争中的报纸为了避免价格竞争可能会在质量方面有所不同。Zaller(1999 年)认为竞争可能会降低政治类报道,它不仅提高了需求弹性,而且相对于记者,消费者并不太关注政治消息。

证据表明,竞争降低了报纸中的政治报道数量。最令人信服的证据可能就是 Cage(2014 年)提供的证据。她研究了 1945 年至 2012 年间,法国一家当地报纸刊登的一个国家层次的专家咨询数据。她发现在同种族人口的国家,报纸的竞争力与少数记者和新闻内容相关联,但是在异种族人口国家的影响很小。在一个对美国国会议员报道的跨部门研究中,Arnold(2004 年)发现拥有至少一份竞争性日报的报纸通过控制报纸发行量以及报纸核心发行区的议员数量,比垄断性报纸刊印更少关于当地议员的文章。

四、盲目偏见

议程设置、启动效应和框架理论不太可能产生消极的媒介效应,这是因为在这些模型中,媒体增加了可获得的信息。同时,除了记忆上的限制,选民变得更加理性。看起来需要更多的是非理性的选民而不是有限的记忆力来产生负面效应。正如 20 世纪 30 年代的"皮下注射"理论认为的那样,一个自然的候选人就是那个选民单纯地相信存在于媒体报告中的人。就像上文提到的,早期的研究并不赞同这种理论。然而近年来,越来越多的经济学家以更强的经验主义的设计对媒体偏见进行研究,使得这个问题更加严峻。

现在回到经济学家提出的媒介效应的理性认知模式。下面将讨论允许过分的媒体偏见的模型,在这些模型中,媒体报道系统地倾向于一个政党。同时下面将讨论一个针对美国媒体最常见的指控:他们存在意识形态偏见,这扭曲了选举竞争,并最终产生负面政策结果。

(一)盲目偏见真的会产生负面政策结果吗?

并不存在媒体偏见对政策产生影响的直接经验主义证据。如果偏见使媒体提供更少的有用信息,或许会期待它能减少责任感。不幸的是,同样也没有经验主义的证据表明人们会从有偏见的媒体那里获得或多或少与政治相关的事实。

从理论的角度来看命题 1 的描述，偏见将如何改变媒体对政治负有责任的影响？在下文展示的媒体偏见模型中，媒体向理性选民提供信息，媒体的基础影响是积极的。然而这些积极影响可能由于媒体偏见而减少。或许更令人吃惊的是，存在偏见的消息也可能会增加政治责任感。理由就是并不是所有形式的偏见都会使信息受损。一个媒体单位能够通过在报道的事件（事件偏见）、事件包含或产生的真相（事实偏见）或者如何表达意见（意识形态立场偏见）中被选择来表达一种偏见。对事实的扭曲减少了信息。与之相反，一份右派报纸的意识形态立场对一个右派读者来说可能比那些中间派报纸更有用。同样的，在左派报纸中关于事件主要特点的信息对左派顾客来说可能相关度更高，也更有价值。现在要论述的就是研究这些不同种类的偏见产生影响的文献资料。

Bernhardt，Krasa 和 Polborn（2008 年）模拟了抑制了信息的事实偏见的政治影响。他们假设盲目的读者们从负面新闻中获得关于他们支持的候选者的无用信息。这样一来，左派媒体并不披露左派政治家的负面消息，右派媒体也是这样。这对选举中较差的候选人来说，可能会导致信息总量的损耗。因此，媒体偏见对政治责任感没有什么好处。因为读者们了解缺失了什么样的报道，一个存在偏见的媒体不能使支持的候选人系统地获益。更有甚者，媒体偏见使得全体选民出现两极分化的现象。

Chan 和 Suen（2008 年）研究了报纸在宣传、政策提议等意识形态立场方面的影响。在他们构建的模型中，利益最大化的报纸首先选择意识形态立场。接下来就是政策导向的政治家们选择政治纲领了。选民们决定买哪一种报纸，读编辑过的提议（一种二元信息）并且进行投票。赢得选举的政党执行它的纲领。

在这种设定中，一个偏见更多（中间色彩更少）的媒体并不是对所有顾客都提供很少的有用信息。一个盲目的读者以相同的盲目偏见从报纸中获得更多与决定相关的信息。举个例子,假定有两种意识形态类型的选民 L 和 R,而且有两种发布消息堪称完美的报纸来宣传政治家们。如果这两家报纸拥有意识形态选民 L 和 R,并且被具有相同意识形态的人们阅读,那么不会有顺从宣传的选民却在选举中犯错。如果两种报纸都是中间立场,选民可能会犯错,因为他们不能总是相信报纸的宣传。这就解释了读者会选择有着相似意识形态立场的媒体单位的发现了。这种影响会导致观点和自助式利益出现的两极分化(Suen,2004 年)。

同样的,事件偏见也可能会加强责任感。假设持有右派观点的人们只关心国家安全,而左派选民们只关心社会安全。两家报纸拥有报道的一个固定总量,所以大卫·斯特龙伯格等致力于将这些事件标准化为一体。在这种情况下,最好的结果就是极端的意识形态事件偏见和意识形态划分:一家报纸只报道国家安全,只被右派选民阅读;另一家报纸则只报道社会安全,只被左派选民阅读。循着第三部分给出模型的逻辑,它使得选民的错误最小化,并且对两种事件都产生了很好的激励作用,有利于竞选。

Duggan 和 Martinelli(2011 年)研究事件偏见,并且发现尽管支持在位者的媒体倾向挑战者,他们也应该更多地在不确定的时候报道事件,而不应该极少在不确定的时候报道事件,以此为复兴赌一把。寻求平衡的媒体给予每一个事件相同的报道,这对选民来说可能比盲目的媒体更糟糕。

(二)选民们究竟有多幼稚?

如果人们幼稚地坚信媒体的报告,就像"皮下注射"理论讲的一样,那么更严重的媒体负面效应也是可能的。与之相反,对抗这些负面效应的一个潜在堡垒就是人们是理性的贝叶斯更新者,或者表现得很像。这意味着他们要过滤消息,对相关信息做出反应,并在很大程度上忽略不提供信息的宣传、偏见或框架。如果人们是贝叶斯更新者,而媒体也能提供有用信息,那么媒体是不可能让人们变得更糟的。

有几篇论文调查了对意识形态偏见的过滤。Chiang 和 Knight（2011 年）研究报纸宣传是否对投票意向有影响。他们结合了美国报纸对总统候选人进行宣传的大量数据，以及来自 2000—2004 年间的全国选举调查研究的调查结果。作者们了解宣传的确切数据，并把宣传同报纸读者们投票意向的改变联系起来。主要地发现是只有意外宣传能够改变投票意向。当一家报纸多次支持同一个政党，它的宣传就没有多少显著的影响了。这些结果表明选民是复杂的，并从宣传中筛选出预期的意识形态偏见。

宣传是一个显而易见的政治定位形式，可能十分容易就区分出来。对定义更为广泛的偏见进行筛选的研究文章是由 Bergan，Gerber 和 Karlan（2009年）撰写的。在一个现场实验中，他们对随机接受一个免费的订阅：保守派报纸——华盛顿时报，自由派报纸——华盛顿邮报，或根本不订阅任何报纸，进行了效果分析。尽管报纸构建故事的方式存在明显的差异，调查者们发现那些得到任意一种报纸的选民为民主党候选人投票更多。一种解释认为，进行实验的这段时期带来了危及共和党候选人的消息：战争伤亡，Plame 的调查，以及对 Miers 最高法院任命的广泛批评。看起来新闻中包含的基本信息比报纸如何构建它们要重要得多。这是一个恰到好处的警告。这个研究中的样例规模很小，也正因为如此，标准错误就显得很大。只有在比较华盛顿邮报订阅与不订阅时，这种有用信息信号和左派偏见的组合效应才会在传统意义上的数字统计中表现明显。因此结果和解释说明应该占用极小的篇幅。

对新闻资源的盲目选择是对宣传效应的另一个限制。如果所有的观众已经支持了他们喜欢的政党，那么一个盲目新闻节目的说服力是不值一提的。Durante 和 Knight（2012 年）分析了一个媒体所有者是否能够通过改变一个媒体的意识形态偏见来影响选民对意识形态新闻的暴露情况。他们发现，当 Berlusconi 的"中心偏右"联合体在 2001 年的意大利逐渐掌权后，国家电视台的新闻内容也向"右"偏转。然而观众们以转向更多的左派频道为回应。左派观众则转向更左的频道。近年来的右派观众却被更加保守的国家电视频道所吸引。意识形态暴露的网络影响目前还不明朗。以上说明在竞争性媒体环境中,分类真实、牢固地限制了对媒体选举动机的意识形态偏见进行操纵的有效性。

(三)盲目偏见是否扭曲了选举竞争?

美国媒体对投票意向的影响可能是所有媒介效应中最容易进行调研的。这也是 Lazarsfeld,Berelson 和 Gaudet(1944 年)以及 Berelson,Lazarsfeld 和 McPhee(1954 年)早期研究的主要关注点。他们发现尽管媒体对投票意向只有很小的影响,但加强了早就存在的信念。正如上文提到的,关于启动效应和议程设置的大量文献资料也探索了这个问题, 尽管没有发现对投票意向或评价产生影响的结论性证据(Lenz,2009 年)。更多近期研究使用地域实验发现了一些意识形态方面的媒体偏见影响投票意向的证据(Gerber,Karlan 和 Bergan,2009 年),而对电视播放的竞选广告只有短期影响(Gerber 等人,2011 年)。同样的,Gentzkow 等人(2011 年)甚至把从 1869—2004 年间美国的那些对政党选举份额进行盲目报道的报纸所产生的适度影响排除在外。对这些没什么发现的研究来说, 一个重要的例外是由 Della Vigna 和 Kaplan(2007 年)提出的,他们利用在电报市场对福克斯新闻的逐渐推广来估计它对 1996—2000 年间总统选举的投票份额产生的影响。他们发现在那些 2000 年前就开始播报福布斯新闻的城镇中,共和党收获了 0.4 至 0.7 个百分点的投票率。

伴随着半个多世纪以来技术的多样性发展, 美国意识形态媒体偏见对投票意向产生影响的证据完美地融为一体。需要指明的是,这个结论伴随着极强的媒体市场竞争和较低的政府参与度, 被应用到十分特殊的美国体系中。这个结论和上文提到的媒体偏见模型是值得推敲的,那些模型认为即使对倾向的政党只有很小的影响,但持续的媒体偏见还是可能会使选举两极分化。

(四)对选举和责任的影响

鉴于美国这些对投票难以解释的影响,该如何更好地发挥媒介效应在社会责任方面的作用呢(Snyder 和 StrömBerg,2010 年)?对竞选宣传和连续意识形态偏见的研究已经发现了最小的影响。这与媒体的内容可以提高责任感是极不相同的。责任效应由增加选民关于潜在的重要政治新闻的反应来驱动,例如,巴西的一个市长或者秘鲁总统其实比选民预期的更加腐败;民主党报纸竟然支持共和党候选人;或者俄罗斯选民突然了解了对立党派的观点。在这些例子中,媒体揭示出信息以帮助选民做出正确的选择。相比之下,如果持续性媒体偏见(例如只对一个政党进行持续宣传)和竞选宣传已经对投票产生了很大的影响,那么就可以对此表示怀疑。这或许表明选民是高度非理性且对控制是有韧性的。

同样的,没有人能够得出这样的结论:如果一个持久性偏见不影响投票的话,那么媒体偏见是无害的。偏见仍然能够降低媒体的信息量并且破坏其积极的福利效应。就像 Bernhardt,Krasa 和 polborn(2008 年)的模型表明的那样,存在偏见的媒体可能不那么负责任,而对投票的平均影响不大。

现在将第三部分中对责任效应的实证发现与媒介偏见联系起来。在该模型中,知情选民的份额驱动着责任效应。假设偏见影响着政治新闻报道的信息量,捕捉到这一点,让我们对公式 2 做临时性调整以确定知情选民的份额,因此,

$$s_i = r_i \, \rho(q_i) \, \sigma(b)$$

(3)

最后增加的部分"$\sigma(b)$"是新闻报道基于偏见"b"所包含相关信息的可能性。在媒体使用者的份额"r_i"中,在政治新闻的数量"q_i"中,以及这个报道中所含的信息量"$\sigma(b)$"里,知情选民的份额正在增加。这可能给命题1增加一个新部分"(c)",对新闻"$\sigma(b)$"的信息量有所提升,进而影响已经列出来的结果 i – v。研究(比如 Snyder 和 Strömberg,2010 年)中的各种影响可以在这种框架结构中被理解。做这样一个假设:报道中的变化"q_i"(比方说是由重合驱动),是独立于偏见"b"之外的。然后这些影响将会以信息量"$\sigma(b)$"的平均水平被量化。同样的,一些研究(Besley 和 Burgess,2002 年或者 Strömberg,2004b)分析了媒体接入"r_i"变化中的影响,大概在报道和偏见的平均水平。

从文献中可以发现,底线是偏见能够缓和积极的责任效应。第三部分记录了政治刺激,选择以及实质上是对选民信息水平变化的政策回应,这种信息水平的变化是由媒体报道和媒体接入变化引起的。由于媒介偏见所造成的媒体信息量的减少可能会产生相似的影响。这些影响的形式基于能够决定偏见如何影响政治报道信息内容的"$\sigma(b)$"的形态。这些影响究竟在多大程度上依赖于"$\sigma(b)$"的形态及媒体偏见的程度。

(五)美国媒体究竟有失偏颇到何种程度?

尽管普遍指责美国媒体存有偏见,但有证据表明大多数大型的美国媒体机构是中间派。Groseclose 和 Milyo(2005 年)通过他们所引述的智囊团的平均意识形态来代表美国媒体机构的政治立场。在 1999 年,100 位参议员中只有 3 位在 0—100 的分数区间里,拥有 33 分到 67 分的思想水平(美国人争取民主行动组织)。然而作者发现,20 家媒体机构中有 16 家在这一范围内下降。他们也发现 20 家机构中有 18 家在最温和的参议员 Joe Lieberman 和 Susan Collins 之间保持思想阵地,平均来看报纸是偏左的。在这种方式下,两个最右倾的媒体机构——福克斯新闻特别报道和华盛顿时报——仍然比大多数国会议员更温和。

Ho 和 Quinn(2008 年)专注于社论内容。他们收集并归类了关于最高法院案例的 1500 多篇被美国主流报纸采用的社论,用于在同一尺度比较报纸的意识形态和公正问题。一个主要的发现是,大多数报纸采取相对中立的政治立场。在 Rehnquist 法庭中,大约一半的报纸徘徊于 Kennedy 法官和 Breyer 法官(对任何一方都司法公正的大法官)之间。

Puglisi 和 Snyder(2011 年)研究投票提案的报纸立场。他们审阅了 1996—2010 年间 305 家美国报纸,发现平均来看,这些报纸几乎全部位于温和派选民所在的州,并且相对利益集团来说倾向于中立。

偏见对责任产生影响的关键是媒体为他们所偏向的政党带来多少消极消息。Puglisi 和 Snyder(2014 年)找到了一个在政治丑闻报道中存在偏见的温和党派。在一个平均每张报纸发表四个故事的牵涉到民主党人的丑闻中,一个明确的民主党报纸(85% 都是民主人士)会写三个故事,而一个明确的共和党报纸会写五个故事。根据上文的符号,这对"$\sigma(b)$"是一个直接的方法。估计表明,即使是明显有偏见的媒体仍然传递了大量的信息(在美国)。

(六)为什么媒体会存在偏见?

另一个重要的问题是媒体为什么采取极端的政治立场,或歪曲有价值的事实。如果媒体存在偏见是因为顾客的要求,那么偏见可能会巩固现有的信念,并且创造两极分化和现状偏见。如果媒体存在偏见是因为业主有政治议程,那么偏见的影响可能更具有单向性。

几个理论贡献研究了这个问题。媒体偏见被受众所知晓可能通过业主的兴趣(Anderson 和 McLaren,2012 年),也可能通过记者的兴趣(Baron,2006 年);为了提高产品区分度以及避免价格竞争(Mullainathan 和 Shleifer,2005 年),或者为了迎合受众早期的信念(Gentzkow 和 Shapiro,2006 年)。在这些模型中,竞争可能会减少但偏见仍会增加。从经验来看,Gentzkow 和 Shapiro (2010 年)发现美国报纸的偏见与读者的意识形态具有显著的相关性。相比之下,一旦地理因素被考虑在内,从属于同一链条的两家报纸在意识形态上并不比随机选择的两家报纸更加接近。这暗示着与业主的兴趣驱动相比,美国报纸的偏见在更大程度上由消费者需求决定。

需要指出的是,如果像 Gentzkow 和 Shapiro(2006 年)讲的那样,是需求左右着媒体偏见,那么在小组范围内这种偏见方向可能与命题 2 描述的一样。因为吸引这些小组更加有利可图,媒体将会在事实选择上与先前对小组的信念产生偏颇,这对广告主来说影响巨大且有价值,同时具有较低的分销成本。

(七)框架

现在将讨论框架理论,因为它与经济学家分析的媒介偏见很相似。框架是一个广义的概念,包括新闻故事可以以多种方式呈现(关于框架最近的调查,见 Scheufele,1999 年;Scheufele 和 Tewksbury,2007 年;Chong 和 Druckman,2007 年)。当对一个问题或事件的陈述产生了差异并因此改变了人们的反应时,框架效应就会显现。至少框架可以使人们在给定的相似信息下,在相似的选择中做出不同的选择,如在 Kahneman 和 Tversky(1984 年)的观点中陈述的那样。然而媒体文献中的框架例子通常涉及较大的差异,包括改变提供的信息或选择的替代品。框架还包含了一个新闻制作过程中的精英捕捉理论。这将在第五部分讨论。

1.理性框架

目前大多数的媒体框架分析以 Entman（1993 年）为出发点。Entman (1993 年)指出,"框架,就是定义问题——确定一个有因果关系的代理人正在做什么,这样做以什么代价有什么好处,而代价或好处通常以共同文化价值的方式衡量;诊断原因——识别创造出问题的力量;做出道德审判——评价相关代理人及其作用;并提出补救措施——提供并证明对问题的处理,同时预测其可能产生的影响"。

框架的相当一部分涉及选择性包含或对事实的遗漏,这将对政治问责大有裨益。为了做出正确的投票选择,人们需要知道是谁提出或是负责什么政策,并将产生什么样的影响。这是一种对事实的偏见,这种偏见已经被集成到模型中并被作为样本分析,例如 Bernhardt,Krasa 和 polborn(2008 年)。此外,评估代理人和做出道德审判是出于意识形态立场,与 Chan 和 Suen(2008 年)做出的那些分析很相近。

别人对框架的定义更加狭隘,只是将问题与不同的思考联系起来(比如 Nelson 等人,1997 年;Scheufele 和 Tewksbury,2007 年)。媒体框架的主要样本包括:艾滋病是否被框定为一个健康或民权问题(Sniderman,Brody 和 Tet-lock,1991 年);一个 3K 党会议是否被框定为言论自由或公民自由问题(Nelson 等人,1997 年);或者对失业问题的考虑是否对税收问题适当(Scheufele 和 Tewksbury,2007 年)。

Nelson 等人(1997 年)代表着这个版本的框架分析。在一个这种形式的简单方程中,让 A 代表总结态度

$$A = \sum_i w_i v_i,$$

其中"v_i"表示一个属性"i"的价值(广义上来说,是个体对态度客体的信念),而"w_i"则代表了该信念的主观权重。Chong 和 Druckman(2007 年)解释道:"举例来说,一个人对一个新的住房发展的整体态度'A',可能是一个包括消极和积极评价,由不同尺寸的项目'i'组成的组合'v_i'。有人可能认为该项目将有利于经济($i=1$)但危害环境($i=2$)。假设这个人不论是对经济还是环境都存有积极价值,'v_1'是积极的,'v_2'是消极的,而他对这个项目的态度取

决于'v_1'和'v_2'的相对大小,而这又由于相关权重('w_1'和'w_2')分配给了每个属性而打了折扣(Nelson 和 Oxley,1999 年)。"媒体框架通过增加对一个考虑后认为重要的"w_i"的重要性来影响态度。

这种形式的框架效应可能在标准模型的责任结构中被整合到一起。方程(1)中个人的投票选择是

$$\sum_i w_i\, E\left[\overset{\sim}{\triangle u_i}\right] \geq \beta_j,$$

其中"$E\left[\triangle u_i\right]$"代表如果在位者或者挑战者赢得选举,个人关于问题"i"效用差别的信念。这与上面的 A 方程有着相同的形式。框架包括选择性地展示有用事实,以保持政治家的责任感,通常是不同政策的结果。这是一个关于框架的不包含行为要素的纯粹信息故事, 了解这些结果可能使理性选民变得更好。

2.行为框架

框架也可以被理解为一种基于记忆局限的行为模式 (如 Chong 和 Druckman,2007 年)。在这种观点中,在评价一个政治家时,框架影响了有哪些考虑因素对个人来说有用且易于获得。在最简单的形式中,这种效果与启动效应是相似的:对一个政治家和一个问题的媒体报道"连接"了政治家和那个问题,在这个意义上说,当对候选人进行评估的时候,关于这些问题的信息变得容易获取。

我们可以尝试利用 Mullainathan(2002 年)的模型来澄清启动效应和这个版本的框架之间的区别。在这个模型中,事件由一个能提供有用信息的部分和一个不能提供有用信息的部分组成:$e_t = (x_t, n_t)$。对一个事件"e_t"的报道唤起了对另一个事件"e_k"的记忆,或许是因为"x_t"与"x_k"相近,或许是因为"n_t"和 n_k"相近。在启动效应中,对任意外交政策事件"e_t"的报道使得对其他

外交政策事件"e_k"的记忆易于唤起,因为"n_t"和"n_k"被认为很接近。政治家们就是基于这些可获得的信息被评估。

框架可以被视为影响人们思想的关联结构。在 Mullainathan(2002 年)的模型中,"n_t's"对这些关联的影响是外生的,但这些可能受到媒体报道的内源性影响。框架效应可以被看作是在同一新闻故事中报道的不同事实之间减少关联距离(在"n_t's"中)。一个可以实现这一点的简单方法是在事实进入记忆的时候,获取"n_t's"的代理。假设有个新闻提到了一个政治家与一个问题(如外交政策)相关联。在未来的日子里,当人们想到这个政治家,他们自然而然会记起关于外交政策的事。在这种情况下,媒体制造出来的框架或者是联系影响着人们观念中的框架或联系。

分析这一类型的框架效应在很大程度上超出了这篇文章的范围。然而就像上文提到的,媒体的作用是使选民获得更多的信息,在这一语境下都是通过增加事实之间的联系。如果他们要不是理性的贝叶斯更新者,就不太可能变得更加糟糕了。

这个框架也做出了一组明确的类似启动效应的假设。人们是否足够聪明,因此可以了解他们的记忆是如何工作的? 例如,当回顾一个政治家的十个负面事实时,个人是否能够意识到其原因是:他或她一直在看福克斯新闻,所以将这个政治家与不好的事情系统地联系起来? 这种关联会随着时间的推移衰减吗? 是否有信息溢出?

这种模拟框架效应的方式在从学习效应中分离框架效应的时候,也制造了一个明确的经验的困难。框架效应是通过在"n_t's"中的变化来改变事实之间关联的影响。框架效应的实证例子总是包含新的信息。

五、捕 获

与政治问责相关的最重要的限制媒体报道的因素是缺乏新闻自由。综观全球,新闻自由有着巨大的差异,从有效的审查,到形式上自由但伴随着大量的政府影响,再到独立程度最高的媒体。在所有这些国家中,媒体自由度是一种政治选择。显然,新闻自由的成本和收益在不同的国家所占权重是不同的。

媒体的福利效应主要取决于使媒体保持沉默的代价有多么高昂。如果这可以很便宜的实现,那么我们会期望媒体被各种利益所捕获:国家和地方的政治家、商人和广告商。因此,媒介效应将会很小。然而一些关键的特征使媒体保持沉默变得非常昂贵。

Besley 和 Prat(2006 年)模拟了一个在位政治家使媒体保持沉默的成本和收益。他们研究了这样一个在位政治家,他正在考量使媒体保持沉默不对丑闻进行报道是否值得。媒体知道这个丑闻并能够令人信服的报道它,在这种情况下,现任不能连任。报道丑闻带来额外的媒体销售和收入。如果政治家贿赂媒体使其保持沉默,那么他或她不得不赔偿这些已知的利润。

让这非常昂贵的是,在位者必须让所有的媒体机构保持沉默,并且就像它是唯一一家报道这个故事的媒体一样去做。如果有一家主流媒体报道了丑闻,那么这个消息就散布出来了,而这个在位者的竞选也就失败了。为了保持平衡,其他所有的媒体都接受了贿赂,一旦有一个拒绝贿赂并将故事公布出来,那它将因为这样做而得到充分的信任。

有一些直接证据表明使媒体保持沉默是很昂贵的。McMillan 和 Zoido(2004 年)分析了一个关于从 1990 年到 2000 年 Alberto Fujimori 担任秘鲁总统任期内收受贿赂的特殊数据集。Fujimori 的安全主管 Vladimiro Montesinos，对不同代理人的报酬做了详细记录——不仅有纸质的还有视频的。这些记录后来被曝光，并被用于对 Montesinos 的审判。一个主要的发现是贿赂媒体比贿赂立法者和法官贵十倍。McMillan 和 Zoido 强调："鉴于腐败的政治家和法官的供应超过了 Montesinos 有限的需求，这样一来，政治家和法官几乎没有讨价还价的能力，所以他们的价格正如数据显示的那样相对较低。相比之下，有了电视，Montesinos 不得不贿赂所有的被广泛关注的频道。如果他除了一个频道之外已经成功贿赂了其他所有频道，那个变节的频道可能会通过广播不利的故事来单方面的损害他……每个电视频道都有无理讨价的权利，不管他已经收买了他们中的多少人。"

让媒体保持沉默代价很高的另一个明显原因是：与立法者和法官对比，媒体存活于兜售新闻的商业模式中。当然，媒体从宣传新闻中获得好处的多少取决于他们的收入，其中一部分来自广告收入。因此，广告市场的规模在决定媒体的独立性方面可能是重要的（例如 Besley 和 Prat，2006 年；Gentzkow，Glaeser 和 Goldin 在 2006 年模拟过）。根据经验，Petrova（2011 年）分析了 19 世纪美国的报纸。她表明，拥有更高广告收入的地方更可能有独立于政党的报纸。当地广告的投放率由户外广告和报纸分布的规定来控制时，就会出现相似的结果。

Besley 和 Prat 模型中的"贿赂"可能会有很多形式：现金、政府广告、直接或间接有利于媒介公司所有者的规章制度。政府也可以通过向友好的机构提供新闻获取优先权来向媒体施压。Besley 和 Prat 表明他们争论的逻辑在这种情况下也符合。如果贿赂涉及避免惩罚，这种逻辑就不太可能保持下去，在这种情况下，在位者实际上不需要惩罚在沉默平衡中的任何人。

也有证据表明，广告是用来捕获媒体的。1998—2007 年间，在阿根廷四家主要报纸中的任意一家，Di Tella 和 Franceschelli（2009 年）构建了一个有多少头版报道致力于腐败丑闻的指标。他们还测量了每一份报纸能从政府相关的广告中获得多少钱。他们发现这两种测度之间存在负相关关系。一个政府广告的标准偏差与腐败报道的减少相关联，这种比率为每个月几乎都是头版的一半，或一个标准偏差的37%。

Besley 和 Prat(2006 年)的模型产生了许多可测试的影响。网点越多，广告市场越有价值，越多的媒体网点被在位者控制，越少的媒体网点被外资控制，媒体就越可能保持沉默。

(一)精英捕获

媒体框架的文献也讨论了新闻制作过程，值得注意的是，精英操纵新闻媒体。不论是《纽约时报》还是《华盛顿邮报》都在头版向那些关心布什政府对伊拉克政策的报道的读者表示了道歉，这被视为精英操纵媒体的一种表现。这场争论的简单版本是，记者依靠精英人士获取信息。例如，记者被越来越多地拒绝访问战区，并且已经完全依赖于官方报告。这个信息已经被过滤和设计到如此程度，所以对他们来说提供监管是不可能的（例如 Bennett、Livingston 和 Lawrence,2008 年）。一个关于这场争论更精练的版本是政府可以限制访问权，例如，媒体网点对重要新闻热点的独家采访权。然而当有许多家媒体时，这一争论越来越难以进行下去。在媒体关注度很低的情况下，作为许多拥有"独家"采访网点中的一个，不如作为唯一一个报道负面新闻的某个重要方面的网点更具有吸引力(Besley 和 Prat,2006 年)。

Qian 和 Yanagizawa(2009 年)研究了美国政府是否可以系统地影响商业新闻的报道。当一个美国的盟友在联合国安理会获得席位的时候，这个国家的战略价值就增加了。Qian 和 Yanagizawa(2009 年)发现，这导致美国国务院报告更少的人权罪行（无论是绝对数量还是国际特赦组织关于滥用的报告）。有趣的是，同样的模式在六家独资的美国国家报纸发现：《纽约时报》《华盛顿邮报》《华尔街日报》《芝加哥论坛报》《基督教科学箴言报》《洛杉矶时报》。这种模式在冷战结束后消失了。

有趣的是,Qian 和 yanagizawa(2009 年)在竞争激烈的媒介市场找到这些影响。他们的研究以及许多在框架文献中的精英捕获的例子,是关于影响外交政策的国际事件。大多数美国选民没有直接受到这些事件的影响,并不能很容易地验证媒体所提供的信息。因此,相较于比如关于美国经济的新闻,精英捕获可能会更容易影响对上述事件的报道。

另一些文件已经通过其他利益方面调查了媒体捕获。例如,Corneo(2006年)研究了利益集团的捕获,并认为这更像是所有权的更加集中;Petrova(2009 年)研究了富人的媒体捕获,并发现这可能是收入分配的更加扭曲。

(二)捕获的影响

在一个跨 125 个国家的交叉部门,Brunetti 和 Weder(2003 年)发现"自由之家"在 1997 年的新闻自由指数与国际国家风险指南(ICRG)在 1994—1998 年的平均腐败指数之间具有显著相关性。"自由之家"指数基于专家的意见、国际人权组织和出版机构的发现、对出版物和新闻服务的分析以及相关学科的政府报告。ICRG 指数基于由国内专家调查的腐败程度的年度评级。对官僚素质和法治品质指标的回归控制,同样由 ICRG 产生。与具有其他国家特征的包容性具有极强的相关性。与 Humana 在 1982—1995 年间提出的关于新闻自由的三个独立措施继续保持在短板状态,尽管不太强烈。

正如 Brunetti 和 Weder(2003 年)承认的那样,因果关系的问题并没有完全解决。新闻自由被放在国家层面测度。一个有好的制度(如新闻自由)的国家,往往会有其他好的制度,而且很难令人信服地控制所有可能的混杂因素。此外,"自由之家"的新闻自由指数可能会捕获其他制度。该指数是非常广泛的,目前基于 132 项指标,其中包括那些对媒体特别的因素(如报道媒体的所有制结构,以及对记者的逮捕、谋杀和停职),但也有许多其他的因素

(例如诽谤是否是刑事或民事犯罪,司法部门成员是否受到来自行政部门过大的压力)。一个相关的问题是,ICRG 腐败指数同样是不精确的(见 Svensson 在 2005 年的探讨)。

Djankov 等人(2003 年)记录了世界各地的媒体所有权模式,并探讨所有权与政策结果如何产生关系。他们发现在媒体的国家所有权更明显的国家,新闻自由度更低,公民的政治权利更少,治理水平更低、发达的资本市场更少,健康状况更差。

这种富于暗示的证据与积极媒介效应的理性认知模式是一致的。它也与 Snyder 和 Strömberg(2010 年)提出的在民主国家少有政治报道所产生后果的国内证据相一致(2010 年)。使媒体保持沉默,无论是通过捕获还是通过媒体市场和政治管辖区之间的匹配,都降低了政治责任。政治家的选择和激励作用开始恶化,政策对选民更加不利。这也与关注对媒体接入政策回应的 Besley、Burgess(2002 年)和 STRömberg(2004b)的发现相一致。在所有这些说法中,媒介效应是显著且巨大的。

(三)在捕获环境中对选举的影响

媒体对投票的影响可能构建出一个大的设定,在这种设定中,一个独立的媒体机构进入一个由国家控制的被捕获的媒体市场。Enikolopov,Petrova 和 Zhuravskaya(2009 年)研究了一个这样的设定,即第一家私人俄罗斯电视频道 NTV 对 1999 年俄罗斯国家杜马选举的影响。1996 年,NTV 获得了一套以前用作教育频道的国家发报机。到了 1999 年的选举,有大概三分之二的俄罗斯人口可以收看 NTV。NTV 的所有者支持反对派,而两家早就存在且由政府经营的频道则支持政府。NTV 的独立没有维持多久。在 2003 年的又一次选举中,NTV 被国家垄断的 Gazprom 公司接管。主要的发现是,可以收看 NTV 的地区投更多的票给反对派,投更少的票给政府。这些影响比美国福克斯新闻估计的效果大了一个数量级。可能的原因是 NTV 进入了一个媒体捕获的环境。

Miner（2012 年）研究了互联网在马来西亚选举中的作用。Barisan Nasional 党（BN）从 1969 年到 2008 年一直掌权。虽然马来西亚举行定期的民主选举，但 BN 党控制了司法、警察和大众媒介。作为一种吸引外国投资的方式，马来西亚 1996 年后大举投资于互联网扩张，并承诺不会审查它。一些独立的博客和新闻网站出现了。Miner（2012 年）用从各选区到马来西亚主要互联网服务提供商的骨干之间的最短距离来装备互联网入口。他发现网络可以解释约 1/3 的原因为什么 BN 党在 2004—2008 年的选举中降低了 11% 的支持率。结果表明，因为互联网，执政联盟在 2008 年失去了长达 40 年的垄断权力。

是否没有不良媒体效应的证据？让我们回到寻找消极影响的根本原因。Adena 等人（2013 年）研究了无线电广播在德国法西斯主义兴起时期的作用。在 20 世纪 20 年代后期的德国，垄断的无线电广播由政府控制。不像其他的政党，它有一个轻微的反纳粹倾向及否认纳粹（和共产主义）的时段。在 1933 年的 1 月，希特勒被任命为德国总理，并获得了无线电控制权。无线电广播的内容转变为严重的亲纳粹宣传。到了 1933 年 3 月，魏玛共和国举行了最后一次有竞争力的议会选举。

Adena 等人（2013 年）根据无线电天线的位置和强度，利用预测的无线电接收质量的变化来确定其影响。当政治新闻不利于纳粹党，他们发现了在 1929—1932 年间选举支持纳粹党的一个显著负面效应。这种效应在希特勒被任命为总理以及无线电控制权被转移到纳粹党旗下的短短五周就发生了逆转。

六、媒体在非民主国家的使用情况

到目前为止,大卫·斯特龙伯格等已经发问过媒体是否因为在民主国家创造了政治问责制所以就是好的, 或因为当选的领导人可以使用媒体来操纵他们的委托人(选民)所以就是坏的。在非民主国家,领导人控制媒体以促进他们目标的实现,通常情况下指的是政权的稳定和政策的执行。下面将讨论在执行错误政策时媒体的作用,以及政权稳定的目标和政策实施的目标之间的紧张关系。

(一)大屠杀和种族灭绝

Adena 等人(2013 年)也关注了德国最近一次有竞争力的选举后无线电广播的影响。无线电暴露也与更多写给 Der Sturmer(一家主要的纳粹报纸,由普通德国人在 1935—1938 年间编写)的反犹太信件以及被驱逐到集中营的犹太人的数量相关。纳粹电台在反犹太主义达到历史新高的地方最有影响力, 而在反犹太主义达到历史性低潮的地方却对反犹政策的支持有着消极影响。人们并不是被宣传统一操控着犯下大屠杀罪行。这意味着这个令人作难的结果——无线电广播由于提供具有说服性的信息而变得很重要——基于听众对广播消息的早期态度,可能同时具有积极和消极影响。

这些反犹行为不同于投票,他们这样做的好处取决于其他这样做的人的数量。如果纳粹党成为主导政治力量,那么成为这种政治力量的一部分是很有好处的。而如果它没有成为主导政治力量,那可能就不值了。这与无记名投票表决不同。这种类型的战略互补可能会导致多重平衡运动或全球性运动。因为媒体提供的信息是公开的,在这种情况下,媒体可能会发挥特别大的作用。在广播里听到一次演讲之后,不是只有一个人了解到信息,比如,政府不会因为参加一场大屠杀就惩罚他或她,他或她也知道别人都知道这一点。

这可能是记录媒介影响最坏情况下的设定。Yanagizawa-Drott(2012 年)研究了 1994 年卢旺达种族大屠杀时期无线电广播的作用。种族灭绝导致 800000~1000000 的市民死亡,并使这个国家的图西族及胡图族温和派的人口降低了 75%。

Yanagizawa-Drott(2012 年)采用了独特的全国村级资料来预测无线电广播在呼吁图西少数民族将要灭绝方面的影响。为了测量广播的访问量,使用了无线电发射机位置的信息。经验主义策略利用了卢旺达地貌大变迁所产生的尚存争议的外生变化。具体而言,在无线电发射机和村庄之间的可视范围内,它利用了从山丘发出的无线电接收的局部变动。

结果表明,广播增加了杀害的参与度。他们指出,在卢旺达大屠杀期间的暴行中有大约 10% 的参与者(或预计的 51000 名肇事者)都可归咎为广播的影响。暴行本质上需要更多的协调,如民兵和军队的暴力,也受广播的影响。连同本文提出的一组研究结果,证据表明大众传媒可以一个协调设备的功能部分的影响冲突。

再一次,这一可怕的结果在媒体通过向以个人利益为导向行事的理性代理人提供信息来起作用的情况下发生。虽然从社会福利的角度来看,无线电的作用是非常消极的,但从潜在肇事者的角度看,无线电并没有明显的负面作用。

(二)政权稳定

媒体的信息提供和协调作用也可能产生对非民主统治的威胁。塞尔维亚、格鲁吉亚、乌克兰和吉尔吉斯斯坦的"颜色革命"表明,即使是部分独立的媒体也可能会在取代不民主的统治者时发挥关键作用(McFaul,2005 年)。在突尼斯、埃及、利比亚及其他地方发生了反对政权的"阿拉伯之春",导致了对现代社交媒体(如脸谱网、推特、Skype)在推动政权更迭方面所起作用的广泛讨论。2009 年 6 月在伊朗的示威活动中使用的这些技术,又引发了一场类似的讨论。

在这些情况下,媒体提供了关键信息。也许更重要的是,媒体帮助协调了抗议和起义。抗议的好处显然取决于其他抗议人员的数量。在另一种情况下媒体是重要的,因为在战略互补情况下媒体起着重要作用。

一个关键的问题是, 这个作用是如何受到新信息技术影响的。Edmond(2013 年)建立了一个信息操纵与政治制度变迁的模型。有一个政权是可以被推翻的,但必须有足够的公民参与起义才行。公民不完全了解政权抵抗起义的能力,而政权可以搞宣传活动使政权看起来比实际上强大,并使公民信以为真。该模型的一个关键的见解是,一种新的信息技术可能会提高或降低政权的稳定性,这取决于规模经济控制新媒体的程度。如果技术比较分散,以至于在信息控制中存在规模不经济, 那么这个模型预测到由于信息源数量的增加,政权将变得更容易被推翻。这一特征与 Besley 和 Prat(2006 年)的研究相关,他们注重新闻来源的数量并保持技术固定。

也许传统媒体更容易被一个中央政府控制和审查,因为几乎没有新闻资源。另外,新的社交媒体为了传递都在可搜索文本中的电子消息,依赖于一个容易控制的有线基础设施。基于通讯流中的关键词和模式一类东西的审查制度,相对于执行是廉价的,并具有很强的规模经济。

(三)监控

尽管有明显的危险,许多独裁统治的国家仍有部分自由的媒体。甚至有一些独裁政权中的媒体自由度在欧盟新成员国的水平上 (Egorov、Guriev 和 Sonin,2009 年)。这可能是因为让媒体保持沉默的代价太大(Besley 和 Prat,2006 年)。

　　然而这也可能是因为非民主的统治者面临政权稳定和政策执行之间的一个折中。Lorentzon(2014年)分析了一个模型,一个独裁政府权衡由更加腐败的报道所造成治理完善的利益与由普遍不满引发的协调一致的起义所带来的风险。他发现一个政权应该以更低的官僚作风来优化调查性报告的许可,根据潜在的社会紧张程度来调整报告有多少是被允许的。这一战略给没有被打倒风险的自由媒体带来了很多好处。

　　同样,Egorov、Guriev 和 Sonin(2009年)认为自由媒体允许独裁者向官僚们提供激励措施,并借此提高政府能力。这种福利的重要性随着自然资源财富的变化而变化。在资源丰富的国家, 官僚激励对独裁者来说是不太重要的,因此媒介自由不太可能出现。利用固定样板数据,他们指出在国家固定效应的控制下,随着非民主政权对这种影响的特别报道,石油资源丰富的国家的媒体更加不自由。

　　Reinikka 和 Svensson(2005年)研究了乌干达的一场报纸运动,旨在通过提供给学校(家长)信息以监督当地公务人员对一个教育补助金重大计划的操作,来减少对公众资金的捕获。他们发现该运动取得了巨大成功,并对招生和学生的学习产生了积极影响。

七、论　述

　　调查材料对媒体政策有一定的影响,如竞争政策的影响。在本文的框架中, 一项媒体对政治责任产生影响的充足统计数据涉及选民信息的数量及分布,$s_i = r_i \rho(q_i) \sigma(b)$(见方程3)。比方说媒介规制,不论是否允许合并,都可能会影响到所有相关的媒体特征: 谁得到消息,"r_i"; 政治报道的数量和分布,"$\rho(q_i)$";以及此内容的信息量如何受到媒体偏见的影响,"$\sigma(b)$"。

　　有经验证据表明,媒体接入和报道的改变显著影响着政治责任。关于这些变量是如何与一些关键因素联系起来的也有一个明确的认识，特别是群组大小以及媒体市场和政治管辖之间的匹配。根据 Snyder 和 Strömberg（2010 年）的一些估计，应该可以对例如媒介融合会如何经由相关政治管辖和群组来影响选民信息水平进行评估。

关于媒体偏见如何影响选民信息和政治责任，或者媒体偏见如何与竞选联系在一起的证据很少。这似乎是一个一阶关注，进一步的研究是必要的。尽管关于偏见媒体产生影响的证据是混杂的，我们仍然可能要限制个人媒体所有者的潜在影响。Prat（2014 年）通过选民的信仰和关注模式的一系列假设，给出了一个媒介权力的上限，这对指导媒介管制政策可能有用。

从非民主国家记录在案的负面媒介效应中可以得出几个一般性经验教训。第一，当统治者和一部分人口之间有一个共同利益时，政策似乎得到了最有效的贯彻。这就是纳粹大屠杀，卢旺达大屠杀，以及对级别较低官员进行监控的情况。这表明这些影响是由翔实的说服力驱使的。第二，当存在战略互补时，媒介效应达到最大化。正如"阿拉伯之春"期间的各种抗议活动，这是大屠杀和种族灭绝影响的特征。

媒体也通过政策的实施影响民主国家的福利。这是标准模型的一部分事实（如 Strömberg，2004a），即选民通过媒体了解信息之后，能够适应政策。按照 Morris 和 Shin（2002 年）的逻辑，如果也有战略互补的话，在民主国家改善政策的落实可能是好的。然而这种逻辑模糊地存在于一种异质性偏好的设置中（如上文提到的大屠杀和种族灭绝的负面例子）。具有战略互补的情况可能恶化，例如，媒体对少数民族制造的偏见，在第三部分讨论过。进一步的分析是必要的。

八、结　论

本文调查的关于媒介效应的现有证据似乎支持——有一些附加说明——大众传媒政治影响的四个一般性陈述：

第一，媒体监督增加了政治责任，再加上一个关于多任务和战略互补设置的附加说明，媒体监督似乎完善了政策。上文讨论的一些研究发现，媒体活动的增加与更好的政策结果相关，而其中一些研究使用方法合理且令人信服地确定媒介效应的因果关系。有一些这样的证据，这些媒介效应出现是因为媒体向选民传递信息，从而改善了对政治家的激励和选择。对信息文献中行为影响的研究——议程设置，启动效应和框架理论——不可能改变这个一般性的结论。其原因是，在这些模型中的媒体报道激起了对过去记忆的唤醒，从而增加了对信息的整体了解。

第二，一个被经验确认的消极影响是多任务：媒体强迫政治家去注意不是最重要的问题。潜在的议程设置和启动效应可能会加剧这些问题。这些类型的政策偏见系统地伤害了没有媒体接近权和他们的问题极少被报道的选民，特别是少数民族、关心新闻上没什么新闻价值的问题的群体，以及那些为他们提供新闻需要付出高昂代价的人们。这些偏见也有可能会疏远那些对广告商来说没有价值的选民。

第三，媒介效应可能在具有战略互补性的情况下尤其强烈。一种强烈的负面媒介效应可能会出现，特别是当社会中不同群体之间出现利益冲突时。研究发现，对大众传媒的有效利用助长了卢旺达大屠杀和纳粹大屠杀。具有战略互补性的情况也有创造巨大积极媒介效应的潜力，例如在反对非民主领导的起义中发挥协调作用（如"阿拉伯之春"）。

第四，媒体政策应考虑以上几点。增加媒体对政治报道的总量，对媒体竞争政策来说，重要的是考虑媒体市场和媒体所报道的政治司法管辖区之间的匹配。注意媒体引入的受众份额偏见，并确保少数群体的利益被涵盖是很重要的。最终，重要的是要防止政府利用策略性外缘，以实现降低福利政策的影响。考虑到在文献中发现的例子，禁止在媒体上发布仇恨言论是这种政策效果的一个实例。

（此文发表于《甘肃行政学院学报》2017 年第 1 期，原题为《媒体与政治》，此处略有改动）

竞选资金与美国民主*

在当代政治中，竞选资金监管已经成为最具争议的问题之一。该领域的研究焦点越来越集中在民主治理和民主价值等基本问题上，并在民主参与、代表、言论自由、政治平等、自由以及政治权力在政府和社会内部的组织和分配等方面引发了深入的讨论。文章追溯了有关竞选资金监管的最初争论以及这一争论在政治理论和宪法两个领域的后续发展，重点关注了如下四个问题：腐败、政治平等与代表、选举例外论以及联合公民诉联邦选举委员会案之后的形势发展。

一、引 言

在当代政治中，竞选资金监管已经成为最具争议的问题之一。对竞选资金的关注在某种程度上是由于竞选花费的资金急剧增加。例如，在美国 2012 年的联邦大选中，投入的资金将近 63 亿美元。此外，由于备受争议的几次法院判决废止了竞选资金监管框架多个方面的规定，这一法律体制处于不断变动当中。

———————
　*　原文作者［加拿大］优思明·达乌德发表于《政治科学年度评论》(*Annual Reviews of Political Science*)2015 年第 18 期，此为本书作者翻译的译文，该译文发表于《国外理论动态》2016 年第 4 期。

学者对竞选资金监管的研究已经越来越集中在民主治理和民主价值等基本问题上。虽然一直有人在研究竞选资金监管与民主的本质之间的关系问题,但近年来两者的关系已经在多个研究领域成为占主导的研究重点。竞选资金监管这个议题在民主参与、代表、言论自由、政治平等、自由,以及政府和社会内部政治权力的组织和分配等方面引发了深入的讨论。

有关竞选资金监管的学术文献很多,但我们面临的另一个挑战是没有任何领域对其进行综述性研究。相反,是多个领域(包括政治理论、美国政治、选举法、宪法和经济学等)的共同研究让我们了解了竞选资金。本文采用一种综合性方法来考察研究竞选资金的多个领域。需要特别说明的是,如果不借鉴选举法和宪法领域的学者们(大多数拥有政治学和法学双学位)的研究成果,我们就不可能对研究竞选资金的文献展开讨论。

本文追溯了有关竞选资金监管的最初争论以及这一争论在政治理论和宪法两个领域的后续发展,也指出了当前研究涉及的领域以及新的研究方向。另外,文章考察了政治学和经济学实证文献中的一些研究发现。鉴于现有研究成果涉及范围广、数量多,因此下面的讨论将只涉及各领域中具有代表性的研究文献。本文只重点研究美国的竞选资金,而对诸多有关竞选资金比较研究的文献不做评论。

二、有关竞选资金监管的争论

这一部分将介绍那些支持竞选资金监管的人和那些反对竞选资金监管的人各自的主要观点。然后,文章将指出已有文献涉及的一些核心议题,而本文余下部分将继续探究这些议题。

有关竞选资金监管的争论主要是为了解决如下问题:政治活动中私人资金的捐赠和支出是否应受到一些限制?美国选举过程的一个重要特征是,

政党和候选人主要依靠私人捐赠来为其竞选活动提供资金。这些竞选捐款来自个人、企业和特殊利益集团。除了向政治竞选提供捐赠,一些个人和集团还会直接花钱来支持或反对某一候选人或政党。竞选资金法规的一个重要作用就是对个人、企业和特殊利益集团的私人捐款和支出进行监管。虽然的确存在总统选举公共资助方案,但大多数总统候选人都选择放弃公共资助,因为能够获得的公共资助金额覆盖不了他们的竞选费用。有少数州会提供公共资助,但是最近几年最高法院已经废止了因为由私人提供资金的候选人的支出超过了接受公共资助的候选人的支出,而向接受公共资助的候选人提供配比资金或额外资助的公共资助计划。

关于政府是否应该限制竞选捐赠和支出,主要存在两派观点:自由主义派和平等主义派。自由主义派认为,国家不应该通过限制竞选捐赠和支出的方式来限制竞选言论。其前提假设是,这样的限制等同于限制宪法所保护的言论自由。人们通过向支持自己政治观点的候选人和政党捐赠金钱或通过购买政治广告来表达其政治主张。然而"金钱等同于发言权"这一观点本身已成为一个具有争议的话题。言论自由对于民主而言是必不可少的,的确,有人会说言论自由是民主治理的一个前提。言论自由使公民可以批评政府而不用担心受到报复。如果政府有权限制言论自由,那么民主和自由就会受到威胁。对自由主义派而言,宪法对言论自由的保护就意味着,我们从这一点可以推论出宪法反对政府对竞选捐赠和支出进行监管。

与此不同,平等主义派认为,在某些情况下,为了防止富人垄断政治话语,对竞选言论进行监管是必要的。因为观点的宣传花费昂贵,所以那些最富有的人就可能会垄断各种传播方式。私人权力的集中也许意味着那些权力较小的人完全无法将自己的声音传播出去。因此,我们听到的并不代表所有人的观点。罗尔斯说过:"当允许那些拥有更强大私人手段的人利用他们的优势来控制公共辩论的过程时,受参与原则保护的自由将失去其主要价值。"罗尔斯认为,这些不平等最终将使富人能够对立法的发展施加更大的影响。一旦发生这种情况,富人"就会在解决社会问题中获得优势,至少是在他们通常同意的事项上,即符合他们利益的事项上"。因此,信息通畅的公开辩论可能需要政府限制某些声音,以确保所有的观点拥有大致相等的被听到的机会。限制竞选资金可以在选举过程中防止金钱转化为政治影响力。通过限制富人的声音,可以使所有公民在影响选举结果方面的权力是相等的。

关于竞选资金监管的争论往往被描述为自由与平等之间的争论。欧文·M.费斯(Owen M.Fiss)认为,无法找到一种方法来在自由与平等之间作出选择,而且宪法也没有给出应该如何解决该冲突的指导。就自由与平等之间难以解决的冲突,费斯给出了一个巧妙的解决方案,即将该争论重新解读为是在有关自由的两种理解之间作出选择。根据关于自由的第一种理解,对竞选资金的监管阻碍了言论自由。根据关于自由的第二种理解,对竞选资金的监管保护了言论自由。由于不受管制的言论产生的"沉默效应"(silencing effect),言论管制会以自由的名义受到辩护。在没有竞选资金监管的情况下,富人的声音将主导公共话语,从而淹没穷人的声音。在费斯看来,这一解决方案的优势是言论管制问题被置于一个公共矩阵(common matrix)中。费斯的理论部分建立在一种特殊的国家理论的基础上。他认为,"国家是言论自由的敌人"这样的传统观点是存在不足的。私人财产也会对言论自由造成威胁,因此也应受到国家的监管。所以,国家在防止权力的私人垄断侵犯言论自由这一点上发挥着至关重要的作用。

有人对费斯的观点作出的回应是,自由与自由之间的冲突并不一定比自由与平等之间的冲突更加明确。一些学者站在平等的立场上来为竞选资金监管进行辩护。例如,根据罗纳德·德沃金(Ronald Dworkin)的"资源平等"理论,自由只是另一种应该被平均分配的资源。对德沃金而言,在法律不偏袒任何意识形态、政党、政策,并且所有公民的平等参与使得政治话语得以改善的情况下,竞选资金监管是可以接受的。对费斯的观点作出的另一种回应是,在竞选资金方面,自由与平等之间的冲突是不可避免的,从民主的立场来看,更可取的办法就是在法律中对这一冲突进行实例化处理,而不是调和这些价值(指自由与平等——译者注)。

虽然竞选资金监管的反对者主要担心的是它会损害宪法第一修正案对自由的保护,但他们仍然提出了许多其他方面的批评。这些批评者认为,尽管进行了多次改革,但该监管体系仍然被视为是腐败的和不平等的。因为竞选资金监管规则总是存在漏洞,因此改革是无效的,并且适得其反。批评者还质疑了如下假设,即通过防止财富不平等转化为政治权力不平等,竞选资金监管会产生民主化效应。竞选资金监管也许还会导致政治权力转移到人数更少的精英手中这样意想不到的结果。在政治影响力方面,还存在资金以外的因素导致的不平等。

另一个问题是,竞选资金监管有助于强化公职人员的权力。虽然已当选的官员表面上声称要使政治摆脱金钱的影响,但他们实际上也许只是为了保住自己的职位,使其不受潜在挑战者的威胁。一般来讲,使筹资难度加大的规定不利于挑战者,因而有利于现任官员。现任官员的支持者人数更多,而他们拥有的其他优势还包括免费使用工作人员、免费与他们的选民进行邮件来往、知名度高以及新闻报道力度大等。布兰德利·史密斯(Bradley A. Smith)认为,应该解除所有针对竞选捐赠和支出的限制,其理由是竞选资金监管削弱了言论自由权和公民权。另外,史密斯还指出,没有证据表明政治捐赠和支出腐蚀了立法程序。

本文下面部分将更加集中地关注相关文献中出现的一些核心议题。正如在引言中所说的那样,有关竞选资金监管的文献越来越关注如下重大问题:民主的运转和治理、代表的意义、影响和责任理论以及权力分配等。尽管这些问题一直有人研究,但随着选举所募集和花费的资金总额越来越多,它们重新凸显出来。一种恰当的说法是,任何竞选资金监管理论最终都是建立在民主理论基础上的。出于这个原因,有关竞选资金监管的争论就必然会涉及彼此冲突的理解基本民主价值的各种方式,也会涉及彼此竞争的有关权力在代议制中应该如何分配的各种理论。

本文将特别关注如下四个问题:腐败、政治平等与代表、选举例外论(electoral exceptionalism)以及联合公民诉联邦选举委员会案之后的发展形势。在讨论这些问题之前,本文通过参考法律方面的主要发展来对一些研究竞选资金的文献进行定位。管理政治资金的法律框架在不断变化,该领域的许多文献则一直在对这种变化作出回应。有好几部优秀的概述性文献关注的就是法律的发展情况。本文最后一部分将探讨研究竞选资金的实证文献。

三、竞选资金监管的法律框架

竞选资金监管的法律框架十分复杂。构成该框架的除了联邦一级和州一级的立法,还有已经从根本上改变了立法规则的多项法院判决。现行的竞选资金监管框架是由最高法院在巴克利诉瓦莱奥案(Buckley v. Valeo)中具有里程碑意义的裁决开创的。在巴克利诉瓦莱奥案中,最高法院对《联邦竞选法》的合宪性进行了考虑。法院发现,对政治竞选的捐赠和支出所作出的各种管制确实限制了第一修正案中的言论和结社自由。但与此同时,法院认为对捐款进行限制是合理的,因为防止腐败和腐败的表象(appearance of corruption)与政府的利益休戚相关。选举过程必须防止捐款人以向公职人员提供资金来换取政治利益这种等价交换。然而法院废止了《联邦竞选法》中对竞选支出作出的各种限制,理由是这些限制构成了对言论自由的直接限制,这违反了第一修正案。巴克利诉瓦莱奥案的法院判决受到了批评,因为它将竞选捐赠与竞选支出一分为二,因为它强化了金钱在政治中的作用,还因为它剥夺了国会在决定是应该遵循自由主义的方式还是平等主义的方式来理解竞选资金监管中所发挥的作用。

在随后案件的判决中，最高法院扩大了反腐败的理由，将"反扭曲"(antidistortion)的概念纳入进来。例如，在联邦选举委员会诉马萨诸塞公民生命公司案(FEC v. Massachusetts Citizens for Life)中，最高法院指出："高度集中的企业财富所具有的腐蚀性影响可能会使一个企业在政治领域成为一种可怕的存在，即使该企业具备的这种力量根本不是其提出的理念所拥有的力量的反映。"几年后，在奥斯汀诉密歇根州商会案(Austin v. Michigan State Chamber of Commerce)中，最高法院看到了一种不同于等价交换的新的腐败形式。这种新形式的腐败源自"财富的高度集中所导致的腐蚀效应和扭曲效应，这些效应是在企业的组织结构的帮助下积累形成的，它们与公众对该企业的政治理念的支持没有多少关系，或者完全没有关系"。奥斯汀诉密歇根州商会案的判决是最高法院从"反扭曲"的视角来理解腐败的开端。

2002 年，为了解决长期存在的旨在绕过竞选资金法规而使用软性捐款(soft money)和议题广告(issue advertising)的问题，美国国会颁布了《两党竞选改革法案》(*Bipartisan Campaign Reform Act*)。在麦康奈尔诉联邦选举委员会案(McConnell v. FEC)中，最高法院大法官中的多数，即 5 位大法官认定《两党竞选改革法案》中有关软性捐款和议题广告的条款是符合宪法的。大法官中的多数扩大了腐败的定义，不再将其局限于"金钱换选票"的交换行为，而是将"对公职人员的判断产生不正当影响以及这种影响的表象"也视为腐败。大法官中的多数认为，不正当影响在政党将接近联邦候选人和公职人员的特殊机会拿来交易这一点上表现明显。通过将接近公职人员的机会拿来交易，政党形成了"以金钱买影响力"的观念。多数大法官的结论是，由于不正当影响很难被发现，也很难对其进行定罪，因此国会对软性捐款进行监管是合理的。多数大法官还认为，为了制止已发生的和将要发生的腐败，

《两党竞选改革法案》对议题广告方面的资金所作出的新的限制是必要的。

此时,最高法院对腐败的定义涵盖了如下内容:等价交换式腐败、"反扭曲"和不正当影响。然而在联合公民诉联邦选举委员会案中,最高法院大幅缩小了它对腐败的认知范围。在联合公民诉联邦选举委员会案中,最高法院以多数票废止了《两党竞选改革法案》中禁止企业和组织在选举性传播(electioneering communications)方面进行独立支出(independent expenditure)的规定。最高法院认为,只有政府强大到足以克服第一修正案提出的担忧时,才能防止等价交换式腐败或者这种腐败的表象。最高法院认为接近他人的机会和影响力并不等同于腐败,这与其早先在麦康奈尔诉联邦选举委员会案中的裁决是相背离的。据塞缪尔·伊萨哈罗夫(Samuel Issacharoff)的观察,将腐败的范围缩小到仅指等价交换式腐败这一点对竞选资金有着显著影响。最高法院的这种新立场也与之前的判决存在出入,之前的判决依据对腐败的更广泛理解,认定对捐款进行限制是合理的。此外,在该案中,多数大法官认为,在没有进行预先安排和协调的情况下,独立支出不会导致等价交换式腐败,也不会导致腐败的表象。这种观点遭到了很多学者的批评。学者们还指出,最高法院在企业支出上的新立场算不上急剧的改变,因为之前的判决已经废止了适用于企业的若干规定。正如所预期的那样,该案件的判决对企业的独立支出产生了重大影响。

在最近的与竞选资金有关的判决中,即麦卡琴诉联邦选举委员会案(McCutcheon v. FEC)的判决中,最高法院大法官中的多数,即5位大法官同意废止由《联邦竞选法》规定的对捐款总额的限制。这些限制为单独个人给联邦候选人、政党和政治行动委员会的捐款设定了最高额度。最高法院发现,对捐款总额的这些限制并没有被严格用来防止腐败,这是违背第一修正案的。此外,最高法院将腐败的范围缩小为等价交换式腐败,并将其定义为"用金钱直接换取公职人员的行动"。最高法院还声明,接近他人的机会和影响力不属于腐败。迈克尔·康(Michael S. Kang)认为,废除对捐款总额的限制是令人棘手的,因为这些规定起到了限制对政党的基本捐款的作用。竞选资金流入主要政党时,高级别的捐款人直接与政党交易。为此,迈克尔·康认为不能仅在个人层面来看待腐败,还要从政党层面来理解腐败。

四、腐败问题

由于最高法院的判决,腐败已经成为竞选资金研究文献中的一个核心概念。学者们已经将最高法院对腐败的各种定义进行了分类。他们也提出了自己的定义分类。托马斯·伯克(Thomas F. Burk)区分了三种不同类型的腐败:等价交换式腐败、金钱影响下的腐败和扭曲性腐败。泽福·蒂侨特(Zephyr Teachout)确定了五种腐败类型:犯罪型受贿、不平等、被淹没的声音、受打击的公众和诚信缺失。狄波拉·赫尔曼(Deborah Hellman)描述了腐败的三种主要类型:判断的变形(deformation of judgment)导致的腐败、影响力的扭曲导致的腐败和利益的交易导致的腐败。笔者指出了从概念上理解腐败的"错误之处"的两种一般方法:第一,腐败等同于滥用权力;第二,腐败违反了政治平等原则。

一般来讲,当公共权力被用于获取个人利益时,腐败就发生了。对伊萨哈罗夫而言,真正的问题是庇护主义。在庇护主义下,特殊利益集团攫取了政府的权力,以此进行交换来赢得政治支持,目的是实现他们的个人利益。在马克·沃伦(Mark E. Warren)看来,腐败会导致"双重排斥"(duplicitous exclusion),因为腐败会将那些有权参与民主决策的人排斥在外,并且它实现这种排斥的方式不具备公共合理性。腐败的表象同样重要,因此公民会依据这些表象来判断他们选举出来的官员是否值得信任。

任何有关腐败的讨论都有必要以有关民主、平等和代表的理论为基础。

正如学者所指出的那样,在谈到政治生活中的腐败时,就必然会含蓄地提及一种理想型的政府。在大卫·施特劳斯(David A. Strauss)看来,腐败是一个衍生的概念,因为它实际上是与利益集团政治中存在的不平等和(或)危险有关。伯克认为,腐败的概念隐含着一种代表理论。赫尔曼将腐败描述成衍生性的,因为它建立在一种制度理论基础上或者与行政官员有关。

然而一个核心的问题是要准确地在如下两者之间划出界线,一边是腐败,另一边是正常的民主政治。典型的做法是,等价交换式腐败之所以被视为是错误的,或者是因为它涉及用政治利益来交换竞选资金捐款,或者是因为它涉及利益冲突。正如施特劳斯所言,贿赂与等价交换式腐败之间存在一个重要区别。受贿涉及利用公职谋取私利,而等价交换式腐败涉及利用公职谋求政治利益。当选官员利用职务使自己的任职时间更长这一点并不是明显错误。实际上,当选官员都应该受到政治发展前景的激励。在利用公职谋求政治利益转变为腐败的过程中,很难确定这一转变发生的精确节点。腐败行为与政治中所允许的行为之间存在重叠。

丹尼斯·汤普森(Dennis F. Thompson)在个人腐败与制度腐败之间作出了一个重要的区分。个人腐败是指贿赂、敲诈和简单谋取个人利益。制度腐败通常发生于公职人员获得的利益是政治方面的,而公职人员提供的服务破坏了民主进程的情形下。如果腐败是利用职务之便来寻求个人利益,那么当选官员制定为特定企业或个人的利益服务的法律是被允许的吗? 一种观点认为,公民的偏好被制定成法律这一事实自身并不能成为腐败的证据。汤普森认为,个人利益可以通过协商过程而变得合法。个人利益可以转化为公共目标,只要这些个人利益服从于民主过程。这种方法的困难之处是,特殊利益集团经常将他们的利益加插入民主进程,从而这些利益被制定成了法律。这样的情形经常作为腐败的例子被提出来。一个潜在的问题是很难将个人利益与公共利益区分开来。

相关的挑战是要确定在何种情况下立法上对选民意愿的回应转变为了腐败。汉娜·费尼切尔·皮特金（Hanna Fenichel Pitkin）对比了独立模式（independence model）[也称为受托人模式（trustee model）]和授权模式（mandate model），在独立模式中，立法者只依据关于公共利益需求的客观看法来作出决议；而在授权模式中，立法者要回应其选民的意见。在独立模式中，选民施加的任何影响都是不正当的。相反，在授权模式中，立法者要对选民的意见作出回应。从这一观点来看，问题不在于立法者对公民的要求作出回应，因为这种回应是民主问责制的特征。

回应与腐败之间的区别既是极其重要的，又是非常难以辨别的。一种可能的区别是，满足大额捐款人的意愿是腐败，而满足选民的要求不是腐败。史蒂文·莱维特（Steven D.Levitt）指出，当企业极力争取通过有利于自身的立法以此作为选举支出的回报时，如果该立法对投票选民不利，则这种行为就被视为是有害的；如果该立法有利于投票选民，则这一行为被视为是正常的。然而正如南希·罗森布鲁姆（Nancy L. Rosenblum）指出的，改革的倡导者经常表现出一种普遍性的"影响的焦虑"（anxiety of influence），这种焦虑对所有的政治影响力都持怀疑的态度，并且认为政党的影响力是尤其危险的。这些反对者的意见是错误的，一方面是因为对于政党而言，要代表和回应其选民，这种政治影响力就是必需的；另一方面是因为政党有助于削弱特殊利益集团这样的狭隘集团的影响力。值得注意的是，最高法院首席大法官约翰·罗伯茨（John Roberts）最近在麦卡琴诉联邦选举委员会案中所作出的裁决重新解读了在先前的裁决中被认定是"腐败"的行为，其方法就是将同样的行为称为政治家一方作出的"回应"以及富裕的捐款人一方进行的"参与"。这一领域所面临的挑战是要制定出各种标准，从而可以依据这些标准来区别合法的与不合法的政治影响力和回应行为。

近年来，劳伦斯·莱斯格（Lawrence Lessig）对依附性腐败的研究使得腐败对民主治理的影响在公开辩论中重新凸显出来。根据莱斯格的观点，依附性腐败是在如下情形下产生的，即一种政治制度变得腐败是因为该制度内个人的行动受到的影响是不正当的。莱斯格借鉴了蒂侨特具有影响力的研究成果，后者认为腐败的概念对制宪者而言是至关重要的，因此宪法应该被理解为包含有反腐败原则在内。根据莱斯格原旨主义的观点，就像《联邦党人文集》第 52 篇所指出的，制宪者的打算是使国会"只依赖于人民"。当国会变得依赖于另一类政治行为者时，也就是依赖于捐款人和游说团体时，国会对人民的依赖就走向了腐败。依附性腐败不会通过行贿或等价交易发生，而是根植于一系列复杂的关系和相互义务之中。这种腐败的发生是由礼品经济（gift economy）导致的，而礼品经济建立在政治利益的输出和获取的基础上。依附性腐败是在制度层面展开的，对于依附性腐败的运转而言，政治行为者本身不一定是腐败的。莱斯格的研究引发了学术研究中的争论。一种争论侧重的是，依附性腐败是否最终落脚在政治平等和政治参与上。其他学者认为，依附性腐败的概念与制宪者对腐败的理解或者他们对政府功能的理解并不完全一致。

五、政治平等和代表

如上所述，竞选资金监管的合法性通常是依据政治平等原则而得到辩护的。爱德华·弗利（Edward B. Foley）提出了一种"每一选民资金相等"的方法，根据这一方法，政府将为所有选民提供相同数额的资金。另外，弗利支持反金钱政治原则，在这一原则下，公民的财富对他们参与选举过程的机会没有任何影响。伯特·纽伯恩（Burt Neuborne）认为，建立在财富基础上的政治平等不同于个人属性的不同导致的必然不平等。马克·亚历山大（Mark C. Alexander）认为，政治中的金钱是导致政治不平等的驱动因素，因此应该将其视为一种能导致投票稀释(vote dilution)的因素。蒂莫西·科耐(Timothy K. Kuhner)认为,在政治中金钱既造成了民主的腐败,也造成了资本主义的腐败,从而导致了金钱政治。

指出如下这一点是重要的,即与上述这些论点形成对比的是,最高法院在巴克利诉瓦莱奥案的判决中并没有使用基于平等的理由来支持对竞选捐款进行限制。事实上,在巴克利诉瓦莱奥案中,最高法院明确拒绝了基于平等的辩护理由,这可以从如下关键性话语中看出,即"认为政府可以限制我们社会中某些成员的言论,以便相对增加其他成员的发言权,这样的观点完全不符合第一修正案"。支持限制捐款的唯一可接受的理由是防止腐败和腐败的表象。如上所述,最高法院在后来的案件中扩大了腐败的定义,将有关"反扭曲"和不正当影响的概念也纳入进来。许多学者已指出,对"反扭曲"的关注最终会落脚在基于平等的理由上。最高法院对扭曲效应的高度关注是为了回应如下问题:集中的企业财富使得某些意见所产生的政治影响力要远大于其他的意见,而原因很简单,因为发表意见是件费钱的事。虽然支持平等的论点与支持反腐败的论点在概念上存在重叠,但该领域面临的一个挑战是,违反政治平等原则的腐败呈现出多种形式。例如,在奥斯汀诉密歇根州商会案中,支持"反扭曲"的观点关注的是发表言论的能力方面存在的不平等,这种不平等扭曲了选举结果,而在麦康奈尔诉联邦选举委员会案中,衡量不正当影响的标准关注的是立法结果的扭曲。

理查德·哈森(Richard L. Hasen)提出了一种涉及广泛的将政治平等视为竞选资金领域的核心价值的观点。在哈森看来,金钱扭曲了立法事项的优先顺序,因为它使大额捐赠者和游说团体有机会接近立法者。虽然这种接近并不一定必然导致立法者采取某项行为或不采取某项行为,但是它是一个先决条件,在一定情况下也许是决定性的。麦康奈尔诉联邦选举委员会案确定的衡量不正当影响的标准最终关心的是政治影响力的不平等。从平等的视角来看,不正当影响的错误在于,与其他选民相比,当选官员过度回应了大额捐赠者的意愿。哈森探讨了政治不平等的复杂性,举例指出对捐款的限制将使得那些拥有媒体公司的富人获得更大的政治影响力。此外,哈森提议通过向选民提供代金券来平衡政治影响力。该领域的其他学者也支持使用代金券或其他类似凭证。其他一些提议包括,竞选捐赠实行匿名制或者所有选举采取公共资助的方式。

竞选资金监管的支持者也将注意力集中在代表、参与和政治影响力这样的问题上。文森特·布拉西(Vincent Blasi)认为,当前体制存在的一个核心问题是当选官员在本应该将主要精力放在治理上的时候,却花费过多时间去募集捐款。斯宾塞·奥弗顿(Spencer Overton)观察到,现行制度对有色人种的政治参与度和代表度所产生的影响与其对更一般的普通公民的影响是不均衡的。人们常常认为,增加小额捐款的数量将会有助于平衡政治影响力,而研究确实表明,在 2008 年的选举中,通过互联网进行捐款的方式增加了候选人获得的小额捐款的数量。许多学者还认为,现行制度扭曲了立法程序,致使富人的利益具有的影响力过大。乔治·斯特凡诺普洛斯(George Stephanopoulos)提出了对齐(alignment)概念,指的是中间选民的意见与当选官员的意见及其制定的政策之间的一致。斯特凡诺普洛斯大量借鉴实证研究来说明,在很大程度上,政治家的政策立场反映的是其捐款人的偏好,而不是对大众的偏好的回应。"对齐概念"提供了一个充满希望的新方法,既可以用来评估立法扭曲的问题,也可以用来评估竞选资金监管在纠正这一问题中所具有的效用。

然而基于平等或代表性提出的辩护理由,无论其采取何种形式,看起来都不可能得到当前最高法院多数大法官的认可。正如前面提到的,在联合公民诉联邦选举委员会案中,多数大法官明确拒绝了在奥斯汀诉密歇根州商会案中被认可的反扭曲的辩护理由。在大法官安东尼·肯尼迪(Anthony M.

Kennedy)看来,奥斯汀诉密歇根州商会案中所提出的反扭曲原则是一种平等化的原则, 它与巴克利诉瓦莱奥案所涉及的第一修正案的核心原则是不一致的, 第一修正案的核心原则禁止政府为了增强其他人的发言权而限制某些人的言论。大法官约翰·保罗·史蒂文斯(John Paul Stevens)提出了不同意见,他为一种反扭曲原则进行了辩护,在这一反扭曲原则下,竞选资金监管能够防止公职人员受到不正当的影响,这种影响会破坏民主进程。尽管史蒂文斯大法官没有使用与平等化有关的语言, 但他的论点最终是建立在政治平等原则的基础上。正如凯瑟琳·沙利文(Kathleen M.Sullivan)指出的,在联合公民诉联邦选举委员会案中, 大法官中的多数派提出的观点与少数派提出的不同意见分别紧密遵循着自由主义派与平等主义派理解言论自由的方式,而自由主义派的理解方式现在获得了多数大法官的支持。最高法院否定了反扭曲原则,这一举动偏向的是那些明确支持自由的阶层。学者们对最高法院否定反扭曲原则提出了批评,因为这实际上是禁止在竞选资金监管问题上将政治平等纳入考虑范围。

最高法院反对基于平等提出的辩护理由这一态度在随后的案件中得到确证。在亚利桑那州自由企业俱乐部诉班尼特案(Arizona Free Enterprise v. Bennett)中,最高法院废止了该州的一条法律,这条法律规定向接受公共资助的候选人提供配比资金。最高法院的理由是,这条法律妨碍了公平竞争环境的形成,违背了第一修正案。在先前的戴维斯诉联邦选举委员会案的判决中,最高法院依据第一修正案废止了一项联邦法规,该项法规规定要提高非自我筹资的候选人(他们在与那些富裕的自我筹资的候选人展开竞争)所能接收的捐款限额[该法规就是所谓的百万富翁修正案(Millionaire's Amendment)]。

六、选举例外论

弗雷德里克·绍尔(Frederick Schauer)和理查德·皮尔德斯(Richard H. Pildes)主张"选举例外论",指的是选举应被视为民主活动的一个独特领域。根据这种理解方法,适用于选举领域的规则不同于适用于第一修正案所涉及的其他领域的规则是被允许的。事实上,现有的竞选资金框架要求在与选举有关的支出与其他政治支出之间划出一条界线。竞选言论应该与政治性言论区分开来,因为选举是政府体系的一部分。最高法院已经认可存在其他一些不适用于第一修正案原则的领域,例如在教室或法庭上发表的言论。此外,选举已经受到了一些限制,例如对选举演讲的内容作出的规制,受规制的内容不允许出现在公共话语中。不同民主国家利用选举期(election period)来制定特定的选举规则。选举期的概念使得我们能够对政治性言论进行监管。由此,竞选资金监管可能会被重新定义为以保护选举正常运转为目的的举措。此外,第一修正案不仅可以被视为促进了个人的自主权,还可以被视为在集体层面上加强了民主。最终,有充分的证据表明,在任何情况下,选举活动都不是一个以说服他人为目的的论坛。

罗伯特·波斯特(Robert Post)提出了一个与第一修正案原则一致的观点来说明竞选资金监管是合理的。这一被他称为"选举公平性"(electoral integrity)的理论认为,"第一修正案的主要目标是要使自治的价值能够得以实现,而这一目标的实现需要公众相信经由选举选出的官员将对公众的意见作出回应。维持这一信任的政府监管推动了第一修正案提出的这一宪法目标的实现"。另外,波斯特对自治的两种观念作了区分。第一种自治观念可以追溯至美国建国时期,是一种通过代议机构来治理的共和主义传统。第二种观念出现在 20 世纪,建立在民主的参与和对话基础上。选举公平性理论提供了一个将这两种自治观念结合起来的方法。许多批评者已经对波斯特的理论作出了回应。这些批评者认为,基于选举公平性的论点实质上是由来已久的基于公众信任的论点的一个变化形式,即竞选资金监管对于公民信任民主制度而言是必要的。在巴克利诉瓦莱奥案中,最高法院采用"腐败的表象"这一概念来分析政府从维持公众对民主制度的信任中所能获得的利益,然而在最近的判决中,最高法院明显缩小了基于腐败的表象所提出的辩护理由的适用范围并减少了其使用。批评者还指出,社会科学研究并不支持基于公众信任的论点。

与那种认为选举言论可以不受第一修正案的普遍原则约束的立场相反的观点指出,政府无权对选举活动进行监管。史密斯认为,政府不应卷入竞选活动。国会依据宪法第四章第一条的规定对选举时间、地点和方式进行监管的权力不能延伸至选举之前的政治性辩论。从这个角度来看,选举与竞选之间应该有一堵隔离墙。

七、联合公民诉联邦选举委员会案的后果: 新的问题和下一步行动

最近的学术研究集中关注的是各种新的制度在竞选资金领域所发挥的作用,尤其是在联合公民诉联邦选举委员会案之后。竞选资金监管往往会产生将资金重新分流到其他渠道的作用, 这就是伊萨哈罗夫和帕梅拉·卡兰(Pamela S. Karlan)所说的竞选资金的"水力学"(hydraulics)。然而就像迈克尔·康所指出的,竞选资金监管还导致了新的制度形式的出现,资金则通过这些新的制度形式进行流动,以此来应对监管规定。例如,在 2004 年大选之后,学者们集中关注了所谓的"527 组织"的行动。"527 组织"指的是这样一种组织,它们适用于税法第 527 条(该条法律免除了政治委员会的征税),但

又不属于受《联邦竞选法》管制的那类政治委员会（因此它们可以免受管制）。在另一个例子中,联合公民诉联邦选举委员会案的判决为超级政治行动委员会(Super PACs)的创立铺平了道路。联合公民诉联邦选举委员会案的一个重要特征是,最高法院确定独立支出不会导致等价交换式腐败的表象或事实。在随后的"现在就说组织"诉联邦选举委员会案中,一个下级法院废止了针对那些只涉及独立支出而不向候选人捐款的政治行动委员会的捐款限制。这些实体组织现在被称为超级政治行动委员会,只要它们仅涉及独立支出,那么根据联邦选举委员会的规定,它们接收的捐款就可以不受限制。现在,超级政治委员会在竞选资金方面发挥着重要作用,而它们导致的棘手问题涉及与候选人的协调以及财富和外围团体(outside group)的影响力。

自联合公民诉联邦选举委员会案以来,学者们集中关注的问题是,在政治领域中,企业的言论是否应该被当作公民的言论那样来对待。其他问题包括,在没有获得股东批准的情况下,企业的政治性开支是否应该被禁止？企业的政治性开支是否应该向股东进行说明？或者,这类开支是否应该附带有退出选择权(opt-out right),类似于雇员所拥有的退出工会的政治活动的权利？

希瑟·格肯(Heather K. Gerken)强调了"影子政党"(shadow parties)和竞选资金中的"黑钱"(dark money)所起到的重要作用。"影子政党"指的是那些为了支持候选人当选而组织起来的群体。"黑钱"指的是非营利性企业根据《美国国内税收法》第 501 条组织的、不需要提供捐款人信息的募集活动。丹尼尔·托卡伊(Daniel Tokaji)和瑞娜塔·斯特劳斯(Renata E. B. Strause)对这些新的发展情况展开了定性的实证分析。当前学术界还研究了竞选资金与游说行动之间的关系。格肯和克里斯·陶萨诺维奇(Chris Tausanovitch)主张为游说活动提供类似的公共资助,这将解决私人行为者在民主议程中过多扮演公共角色的问题。

另一个研究领域涉及的是与政治性竞选捐赠和支出的信息公布有关的规则。在联合公民诉联邦选举委员会案中,最高法院支持了信息公开原则和免责原则,理由是为选民提供信息与政府休戚相关。学者们除了关注现有制度的缺陷和局限性以及匿名在公共生活中所处的位置外,还思考了可以用何种方式公开与政治竞选捐款和开支有关的信息。与此同时,批评者指出,信息公开原则侵犯了隐私,还容易使捐款人受到打击报复,不过到目前为止,最高法院一直是否定这种观点的。迈克尔·吉尔伯特(Michael D.Gilbert)认为,公开信息导致了信息的此消彼长,因为它一方面使选民获知了信息,另一方面又压制了言论。

学术文献还探究了竞选资金改革接下来应采取的措施。哈森对那些主张修改宪法、对改革只是动动嘴皮子或者提出完全放弃改革的提议进行了批评。相反,他认为,重要的是要防止现有的州一级和联邦一级有关竞选资金的法规被进一步侵蚀,并为改变最高法院大法官的成员构成做准备。在哈森看来,改革者应该提出要扩大腐败的含义,或者进一步提出一种基于政治平等的辩护理由。格肯指出,金钱不可避免地构成了选举进程的一部分,因此为了对政治进行监督,重要的是要对政治进行约束。古伊-尤瑞尔·查尔斯(Guy-Uriel Charles)认为,我们的研究应该抵制住“腐败的诱惑”。他将“腐败的诱惑”描述为一种想要通过腐败这一棱镜折射出所有竞选资金问题的冲动。相反,他认为我们应该谈论真正的问题,即政治参与的问题。赫尔曼提出,最高法院应该谨慎地定义腐败,因为定义腐败不可避免地会牵涉到定义民主——这是最高法院在其他有关选举的法律文本中应该避开的一项任务。理查德·布里福(Richard Briffault)提出应该削弱法院在竞选资金监管中的作用。亚历山大主张最高法院应该听从国会的意见,因为确保政府采取一种共和主义的形式与政府利益紧密相关,这种利益需要根据第一修正案接受严格审查。其他学者主张用国会的伦理准则来监管竞选资金,或者利用候选人之间自行实施的协议来限制第三方的支出。

八、实证研究结果

有关竞选资金的实证研究文献很多，本文将仅探讨一些已经得到解决的问题。长期以来，人们一直承认，竞选资金监管对选举和立法结果都有影响，但这些影响不一定相同。一些研究更直接地关注竞选资金对选举结果的影响，而另一些研究则关注竞选资金对立法结果的影响。

一个核心的研究领域是，竞选捐款是否在收买政治影响力。反对大额捐款的主要理由是，它使得购买立法投票成为可能。不过绝大部分实证研究文献并没有证明这样一种联系的存在。弗兰克·索拉夫（Frank J. Sorauf）回顾了相关文献，发现没有什么系统性数据证明了金钱对立法决议的影响。不过，这些研究考察了竞选捐款与全院表决（floor vote）之间的联系。情况有可能是，竞选捐款在立法过程中的其他时间段影响着政策的制定，而要获得相关数据或者对这些数据进行测量是存在困难的。另外，捐赠的目的也许是为了撤销立法和维持现状。还有一个挑战就是要确定是现任官员的职位刺激了捐款的增加，还是捐款推动了现任官员职位的上升。换句话说，到底是现任官员先从特殊利益集团那里得到捐赠，然后回应他们的意愿，还是说他们获得捐赠是因为他们已经与特殊利益集团达成了协议？迈克尔·恩斯利（Michael J. Ensley）发现，候选人的意识形态是决定能否从个体公民那里获得捐款的核心要素。个体公民是国会议员候选人所获捐款的最大来源，而获得这些捐款取决于候选人的意识形态立场。

另一种理论提出，大额竞选捐款"有可能换取到接近某人的机会、小小的好处、在个案工作（casework）中采取行动的能量、与监管者之间的斡旋以及立法议程中的一席之地"。捐款也被视为政治投资。詹姆斯·斯奈德（James

M. Snyder)断定,政治行动委员会与议员之间建立了长期投资关系。捐款的动机是为了换取接近某人的机会这一点在如下调查发现中得到了证实,即大额捐款人也参与广泛的游说活动。对州议会的研究表明,制度设计的特征和政治环境会影响到捐赠在何时会对政策结果真正发生作用。

史蒂芬·安索拉比赫（Stephen Ansolabehere）、约翰·德·费格雷多(John M. de Figueiredo)和斯奈德在政治投资模型之外提出了另一可选模式。他们对数十项考察捐赠者对立法政治的影响的研究进行了荟萃分析(meta-analysis)。在对近40项研究进行考察后,他们发现竞选捐款对于立法的影响不具有任何统计学意义。政治行动委员会的捐款对立法者的投票行为影响较小。此外,他们还指出,竞选支出(占GDP的百分比)看起来没有增加。尽管大多数竞选资金是来自个体而非政治委员会的捐助,但无论是个人,还是政治委员会,其捐款数额都没有达到他们所能捐赠的最高限额。相较于可能获得的政治利益的价值,所花费的资金的数额可以说是相对较少的。政策结果的价值与实际捐赠的金额之间的这种"差价"表明,企业和其他利益集团认为增加捐赠数额没有多少价值。金钱没能发挥多少作用的原因是,当政治家们就再次当选展开政治算计(political calculations)时,金钱只是他们需要考虑的众多因素之一。出于这个原因,安索拉比赫等人得出结论认为,捐赠不应该被视为对未来利益的投资,而应该被视为一种消费品。他们指出,在现行的竞选资金制度中,几乎所有的资金最终都是来自捐款数额相对较少的个人。这些个人是参与有关的"消费价值"(consumption value)而进行政治捐款的,而并非因为他们期望获得或已经获得了直接利益。同时,竞选捐款使得捐款者更有可能获得机会见到与某些政策有关的立法者。然而另一项使用荟萃分析的研究发现某些经验证据证明了捐款与投票之间存在联系。

相关研究还考察了竞选资金监管对选民参与、信任和政治效能感的影响。纳撒尼尔·佩尔西利(Nathaniel Persily)和凯利·拉曼(Kellie Lammie)的结论是，没有确凿的证据表明竞选资金法规与公众对选举过程的信任之间存在联系。这是一个重要的发现，因为为竞选资金监管的合理性进行辩护的主要理由是为了保护公民对民主制度的信任，这种监管是必要的。

研究的另一个重点领域是候选人的支出与获胜的候选人身份之间的关系。无论是现任官员还是其挑战者，都投入了大量的精力来募集资金，这表明他们认为对于赢得选举而言，募集资金是必不可少的。然而学术研究没能够在现任官员的支出与成功竞选之间确切地建立起某种因果关系。现任官员的连任率处于极高水平。由于现任官员的选举支出远超过了挑战者的支出，两者的比率大概是 3 比 1，所以人们可能会认为竞选支出造成了选举上的优势。令人迷惑的是，现任官员的支出看起来并没有发挥作用。美国众议院现任议员的竞选支出并没有影响到其获得的投票份额，尽管其挑战者获得的投票份额的确因为其支出而增加了。因此，支出限制不利于挑战者，因为他们需要筹集大量的资金以便赢得选举胜利。如果现任官员的支出在增加投票份额方面是无效的，而挑战者的支出在降低现任官员的投票份额方面是有效的，那么支出限制就无法在现任官员与其挑战者之间形成平等的竞争环境。不过，对参议院的研究结果则表明现任议员的支出的确影响到了投票份额。其他研究也表明，现任官员会从支出的增加中获益。这些研究发现表明，设定支出上限增加而不是减少了挑战者赢得胜利的机会。对为竞选提供公共资助的各州进行的研究发现，现任官员的连任率有所下降，但是其他研究发现，对竞选公共资金设立支出限制并没有使选举更具有竞争性。

学者们还从更广阔的视角考察了民主和不平等问题。这一研究领域涉及广泛，并且不只是侧重于竞选资金监管。尽管该领域的研究并没有在竞选资金与政治影响力之间建立起直接联系，但学者们发现，相较于中低收入人群的偏好，当选代表更多地回应了富人的偏好。然而其他研究发现，在公众意见与立法政策之间存在着稳健的联系。最近的研究还表明，捐款人与国会议员在意识形态方面具有一致性。此外,超过40%的竞选捐款是由美国最富有的0.01%的人口提供的。个人捐赠者不仅仅是捐款的主要来源,并且个人捐赠者在政治立场上的意识形态色彩越来越鲜明,越极端的候选人往往会从个人捐赠者那里获得更多的资金。斯特凡诺普洛斯对这些实证研究结论进行了广泛的分析,并指出它在何种程度上证明了大多数美国人的观点与国会议员的观点存在分歧。

九、结　论

要从跨越多个领域的学术研究成果中归纳出任何结论几乎是不可能的。不过,值得注意的是,无论其来自哪个研究领域,学者们变得越来越关注与民主代表、政治平等、腐败、政治影响以及治理相关的复杂问题。毫不奇怪,他们在这些问题上几乎没有取得共识。然而许多学者都有一个共同的关注点,这就是金钱的作用不仅扭曲了选举进程,还扭曲了整个政治制度。尽管实证研究并没有证明金钱购买到了政治影响力,但是越来越多的证据表明金钱的流入与立法过程形成的政策结果之间存在相关性。但是即使学者们已经发现竞选资金与民主治理之间存在日益复杂的关系,法院依然允许数额越来越大的资金进入政治领域。竞选资金研究在不断变化,吸引着学者们在未来的研究中关注各种民主制度和价值在取消竞选资金监管的条件下不断变化的性质。

（此文发表于《国外理论动态》2016年第4期,原题为《竞选资金与美国民主》,此处略有改动）

新自由主义、危机与去政治化的矛盾*

本文在西欧新自由主义危机的背景下，发展了一种去政治化研究的政治经济学分析法。经过一番对政治化概念的理论基础探讨后发现，去政治化策略不仅经常与新自由主义相关联，而且是在凯恩斯主义体制下也有一个较长轨迹的存在。文章接下来详细叙述了，从 20 世纪 70 年代末至今，在注重公民社会和国家重组的新自由主义治理体系下去政治化所采取的多种形式，主要是以英国为例。研究发现，与许多流行的论述相反，在 2008—2009 年金融危机之前、期间和之后，经济管理的形式有很大程度的连续性。不论是在思想上还是实践上，许多国家的政府保持甚至强化了去政治化管理的力度。然而显而易见的是，去政治化的新自由主义经济政策并没有使国家管理者能够规避国家层面的危机。与"经济"危机产生"政治"危机的简单化表述相反，本文认为，危机最好是被理解为经济和政治形式的共同表达。

一、关于去政治化的政治经济学

去政治化的概念，如伍德（Wood）和弗林德斯（Flinders）指出的那样，发

---

* 原文作者[英]彼得·伯纳姆发表于《参与和冲突》（*Partecipazione Conflitto*）2017 年第 10 期，此为本书作者翻译的译文，该译文发表于《国外理论动态》2018 年第 5 期。

现于一系列的跨学科著作中，这些著作把关注点集中在完全不同但又同等重要的、在更广泛的"公共"和"私人"社会领域运作的压力。因此从这个去政治化的广义视角来看，关注点不仅集中在媒体或特殊利益集团在转移公众议程议题中所扮演的角色，还集中在使某些问题看起来"正常"或者"自然"的个体"言语行为"，伍德和弗林德斯将其描述为"离题的去政治化"。从这个广义解释来看，去政治化的概念在社会科学领域内有着悠久的历史，与马克思对古典政治经济学的批判、特别是他对史密斯（Smith）和李嘉图（Ricardo）历史上特定社会关系"同化"的主要批判有着明确的密切关系。关于去政治化的最新政治经济学读物，可直接追溯到法兰克福批判理论家——尤其是尤尔根·哈贝马斯（Jurgen Habermas）的著作，以及来自 20 世纪 70 年代欧洲社会主义经济学家会议（Conference for Socialist Economists，简称 CSE）有关的理论家们对这个有影响力传统的批评。

哈贝马斯在《作为"意识形态"的技术与科学》中指出，自 19 世纪末期以来，发达资本主义国家将"对经济过程进行永久性管理"作为一种"对资本主义功能失调倾向的防御机制"。经济政策（特别是 20 世纪 20 年代国际危机后的经济政策）"稳定了商业周期"，并由此导致"社会组织机构的再政治化"。哈贝马斯认为，自从"'基础'本身必须被理解为政府活动和政治冲突的一种功能"，政治就不再"仅仅是上层建筑的一种现象"。按照哈贝马斯的说法，既然经济现在是在政治的操控下运行，合法性也就不再来自生产关系构成的"非政治秩序"。因此，自由交换的思想已经被一个替代方案所取代，该方案着重阐述政府行动的好处，旨在补偿自由交换的机能失调。总之，哈贝马斯认为，一种凯恩斯-贝弗里奇（Keynesian-Beveridge）类型的思想建构了合法性的新方案，该方案涉及稳定增长、保持就业、社会保障，以及向上流动的机会。这就要求"国家干预操作"的维度，以限制私法制度为代价，以"确保资本利用的私人形式，而又约束群众对这种形式的忠诚"。哈贝马斯强调，在这种情况下政治具有一种特别消极的性质——"以消除障碍和规避风险为导向……换句话说,不是以实现实际目标为导向而是解决技术问题"。

哈贝马斯发现,技术官僚意识的压制面临一个挑战——学生抗议。他认为学生抗议可以永久性地摧毁这种意识形态,从而"打倒已经很脆弱的先进资本主义的合法性基础,而这只能依赖去政治化"。20 世纪 70 年代初,他以代理机构为中心进行社会变革的希望破灭了,然而在他试图发展先进资本主义危机倾向类型学的努力中,系统理论功能主义盛行起来。在去政治化的理论方面,哈贝马斯区分了政治危机的两种倾向,根据这些倾向的外在形式,划分为"输出"(最大化执行行政决策)和"输入"(大众忠诚)危机。哈贝马斯指出,当政府无法协调并实现"从经济体系中收到的命令"时,输出危机是以"合理性危机"的形式出现。从这个意义上说,这是一场"错位的系统性危机",它取代了经济危机,从而也取代了"从市场商业转向行政管理体制的矛盾"。因此,当国家无法制定连贯一致的政策来引导经济时,公共行政中就会出现合理性赤字。合理性危机部分是由"国家机构的解体"所表现出来的,它可能转化为一种广义上的合法性撤回。相对而言,当"来自经济系统的操作指令已经被执行"而国家却未能获得必要程度的大众支持时,输入危机便以一种合法性危机的形式表现出来。这将会直接构成认同危机,其原因是"政府规划任务的履行对去政治化公共领域的结构提出了质疑"。当"不可能通过行政手段来维持或建立有效的、能够达到所要求程度的规范性结构"时,就会存在一种合法性赤字。

哈贝马斯的总体结论是,发达资本主义社会容易受到经济、行政、合法性和社会文化体系(行动激励)危机的影响。可能会有人反对说,尽管提出的问题很有价值,但在确定不同形式危机之间的关系方面缺乏透明度,以及对参与者动机的特殊关注,最终限制了哈贝马斯在打开去政治化思路上所做出的贡献。此外,哈贝马斯坚持不懈地致力于一种系统理论功能主义,这限制了他对现代读者的吸引力。然而哈贝马斯还是在两个关键领域做出了重要贡献。其一，他认为经济危机转移到政治体系是通过"政府的被动规避行动，这种方式使合法性供应能够弥补合理性行为的缺陷，而组织理性的延伸可以弥补出现的那些合法性缺陷"。这种将危机从经济转向政治（从市场到行政系统）的观念，以及它对行政感知能力的启示，对作为一种管理策略的去政治化理论至关重要。以前的危机趋向可能早已经被进行过行政处理，其他的可能"作为一种尚未被行政充分控制的运动"出现。其二，尽管有些含糊的框架暗示了从放任主义转向国家干预的可能性，哈贝马斯早期关于从政治中排除实践本质以及转向解决技术问题的思想，仍与后来将去政治化作为危机管理的方法产生共鸣。

20世纪70年代，社会主义经济学家会议的成员们组织进行了关于国家的辩论，这次辩论在前文讨论的一些较为抽象的概念、应用于治理的去政治化和危机之间建立起了一种直接联系。霍洛韦（Holloway）和皮乔托（Picciotto）强调，国家被理解为"社会生产关系的一个方面"，资本盲目迷恋的一种形式，为了在危机中加强资本积累而不断重组和整顿的一个过程。国家，作为社会生产关系的一种分化形式，它的"力量"来自它为了加强国内和全球资本的积累而能够在其范围内重组劳资关系的能力。"重组"的概念包括，政治理念和伴随着更广泛资本主义社会关系的意识形态。从这个意义上讲，关注点集中在转变的多种方式上，即国家机构的"目标、准则和操作规程"转变为更宽泛的社会剥削关系重组的一部分。与哈贝马斯相反，危机在这种框架下既不是经济的，也不是政治的，而是"资本关系"的危机——是以经济和政治的形式所表现出来的不可避免的矛盾关系。因此危机不是简单的经济危机，其结果不能从所谓的"资本需求"中读取，因它所涉及的是劳资之间、社会不同群体之间、不同资本和资产阶级其他要素之间，当然也包括构成国家诸要素之间的斗争过程。西蒙·克拉克（Simon Clarke）进一步强调了这一论点,他强调重组是危机管理的一个关键组成部分。奥康纳(O'Connor)和其他一些人在借鉴哈贝马斯的研究后指出,如果财政、货币和金融压力开始削弱现有国家形式的合法性,那么经济危机可能会成为国家自身的政治危机。克拉克认为,应对这种危机的方式,通常不是由一个阶级或另一个阶级夺取国家政权,而是进行国家和更广泛阶级关系的重组。克拉克强调,重组背后的推动力,"与其说是为了提供一个解决经济危机的方法的努力,不如说是通过政治的方法将国家从经济中脱离、以经济政策形成的去政治化来解决国家政治危机的努力"。在克拉克看来,这在西方是通过采用货币主义而实现的,但使国家脱离经济危机的具体机制基本上还未经考察。尽管如此,CSE在认识国家方面的贡献,为政治经济学更具体的非政治化理论提供了依据,尤其是通过调查国家如何脱离经济来构建治理体系从而使经济政策的制定非政治化——通过何种机制得以实现,以及"国家政治危机"这个相当模糊概念有哪些进一步的描述?

二、去政治化的理论与形式

从上述 CSE 的分析中可以清楚地看到,政治和资本主义经济的分离最好从理论上作为一种不以表面价值看待的"表面上"的分离。因此,建议将去政治化定义为政治的移除或撤离是相当幼稚的。为了捕捉去政治化所固有的(和持久的)政治性质,有人建议将这个概念有效地定义为"把决策的政治性质放在一边的过程"。这一提法强调了三个要点:第一,决策的政治性质已被排除在外但并非缺席——例如,没有人提出在任何意义上经济管理都是非政治性的;第二,决策的政治性质被理解为一种治理策略,它隐含在去政治化可以增强政治控制的分析中——国家管理者行使控制权——同时做出控制要素已经转移的姿态;第三,国家管理者在实现政策目标过程中所获得的最有利结果,是通过已经转移了政策责任的表象来实现的。

作为一种治理策略的去政治化概念,已经被用在许多方面。首先,在最粗略的范围极限内,已经脱离了它的社会理论起源,并被用来确认和常常证明任何形式的责任转移。主要是通过借鉴一些新公共管理的案例,将去政治化视为提供"如何管理"的指南,重点在于通过推卸责任和制造混乱的官僚习气来加强管理控制。这可能与去政治化的民粹主义用法相对应,但不应与强调"间接治理关系"的学术用法相混淆。简而言之,去政治化不是任何形式的"舞台转移"或责任规避,更准确地说,而是指将治理的政治性质移除的过程,这可能导致国家官员不再对"某一问题、政策领域或具体决定"负有直接责任。因此,弗林德斯正确地断言,作为一种概念,去政治化是对"政治"的一种非常特别的解释。彼得·伯纳姆认为,这比那些更宽泛的定义更清晰、更有意义、更精确,因为那些定义往往会减少在任何社会环境下的去政治化中"欺骗和诡计"行径。

其次,去政治化的概念已经被应用于分析国家管理者所选择在社会关系中实施纪律约束的方法,并伴有更大程度的复杂性。这种框架已被马克思主义者、对危机理论和当前金融危机的政治反应感兴趣的其他研究者详细地制定出来。远不同于将危机视为导致"系统性崩溃"的市场"失灵",这种方法通常强调危机的政治解读,例如强调"资本主义危机"是作为"基本阶级关系的猛烈地和决定性地再主张"的一种手段。在这种情况下,陷于极其危险处境的国家管理者必须要做到的是,既要在关键领域进行干预以恢复盈利积累,同时又能经受住其他领域的干预以满足特定群体的利益。例如,在当前危机的紧急阶段,人们在辩论中看到了这种潜在可能性,尤其是在英国关于银行体系的道德、货币的作用,以及国家对银行进行资本重组的意愿。在这种情况下,国家管理的核心问题之一是如何重建经济改组的条件,而将政策的其他关键领域置于直接的政治争议之外。为了推卸对经济衰退的责任并阻止对资本主义政治经济学本质的辩论,国家管理者在 20 世纪往往采取两种形式之一。一种是,努力通过将通货紧缩策略与国际体制(通常是国际货币体系)挂钩,从而找到政策的基准点。另一种是,通过将政策与法规或明确可识别的目标结合起来的方式,在国内进行执政管理体制的改组。

最后,作为一种治理策略的去政治化概念,已经被应用于描述整个经济制度和政治管理的特征。如上所述,如果政治化/去政治化框架从 1900 年起就被用来分析政策,那么很明显,在某些时期,去政治化策略已经成为经济政策的关键。而在其他时期,更多干预主义政治化的做法往往主导政策议程。既然一个去政治化策略会给国家管理者带来了一定的利益,那么在什么情况下他们会采用一种政治化的方法呢? 早期试图完善框架的尝试表明,政治与去政治化策略之间的波动最好地解释了工人阶级组织的内部动态、国家领域内资本运作的特点以及国家融入世界经济一体化的形式。例如,1945 年的英国政府选择对经济进行高度化的直接控制, 这不仅是对看似棘手的国际收支问题的回应,也是对工资上涨和通货膨胀威胁的回应。在整个战后时期,谈判和协商、指示性规划和正式与非正式收入政策的制度化,都被用作为以"国家利益"影响工资谈判的一种手段。采纳这些政治化的解决方案,尽管从长远来看是站不住脚的,却反映了国家管理者对阶级力量平衡、工会领导人的行为和从 20 世纪 60 年代起的店员运动的认识。到 20 世纪 70 年代中期,英国财政部承认了政治手段的失败,但似乎无力发展替代性的主导战略,直到出现了一系列不同的趋势(传统部门大量失业,非工会部门工作增加,工会主义新形式的推广),为重新定位的发生提供了语境,从而使国际政治经济的变革与金融自由化相关联。

三、新自由主义的危机和去政治化的巩固

2007 年夏天危机开始在美国住房贷款市场上显露时，许多关于新自由主义危机的描述都突出了金融自由化、金融机构的"非互助化"以及全球信贷激增所带来的问题。2008 年 9 月随着雷曼兄弟的违约和美国保险业巨头美国国际集团的救援行动，由于银行面临巨额资产的账面亏损，交易对手的可感知风险大幅上升，流动性需求跃升到了新的高度。并且，对核心金融机构的偿债能力和资金问题的质疑声，也随之而来。尽管政府在全球货币和财政政策方面进行了前所未有的纾困行动，但信贷危机迅速影响了全球经济活动。总体而言，据报告，2008 年第四季度全球国内生产总值收缩 6.25%，2009 第一季度继续下降。在金融危机刚刚过去的几年里，国际货币基金组织预计 2015 年发达经济体的经济增长率为 1.9%，经济增长率依然低迷。2007—2010 年，所有金融机构对美国资产的减记总额估计超过 2.7 万亿美元，其中需要追加资本的银行：美国为 275—5000 亿美元，欧洲（不包括英国）为 475—9500 亿美元，英国为 125—2500 亿美元。在对全球经济活动主要指标（人均实际 GDP、工业生产、贸易、资本流动、石油消费和失业）的分析中，国际货币基金组织的经济学家得出的结论是："从任何角度来看，这次衰退都是自大萧条以来最严重的全球性衰退。"此外，经济衰退不仅是战后最严重的时期，而且它对几乎所有发达经济体和许多被归类为新兴或发展中国家的经济体的影响都是最"同步"的。

全球各地的国家管理者们的反应十分迅速，但虚拟资本的破坏程度如此之深，以至于全球经济复苏缓慢。在货币政策方面，许多国家的央行已将利率降至历史低位。日本央行在 2001—2006 年期间使用的 "定量宽松"策略，扩大到通过政府债券购买来提振商业银行储备。包括德国、日本、韩国、

英国和美国在内的大多数国家也推出了多样化、广泛和广为人知的财政刺激方案。此外,国际货币基金组织引入了更为灵活的信贷工具,将其贷款资源增加了 2 倍,达到了 7500 亿美元。简而言之,一种紧急凯恩斯主义的形式(就像 20 世纪 80 年代,但现在的规模更大)在世界各地政府债务的激增中复活了。然而到了 2010 年夏天,这一紧急阶段很快就被主权债务及其后续措施、紧缩和削减政策所取代。

从金融危机的讨论到主权债务危机之一,再到紧缩和削减政治的阶段,在这三个阶段运动的过程中,世界各地的细节当然也都有所不同。尽管如此,全球各地政策制定者应对新自由主义危机的统一因素,一直是试图重组阶级关系并收紧对劳动力和金钱的市场约束。通过这种方式,紧缩政策的支持者们希望,金融和生产积累之间的关系将会得到积极的调整。这种重组既是思想上的,也是物质上的,包括通过削减公共服务、降低工资、重新占有、失业和减少信贷机会来调整社会结构的阶级特征。此外,它在一个仍然以致力于将去政治化作为经济和社会政策的核心原则为特征的背景下进行,正如英国所表明的那样。

在英国,对作为托尼·布莱尔(Tony Blair)领导下的一种政体的去政治化描述强调了三个主要策略:将任务重新分配给准国家机构;在经济和社会政策上更倾向于规则而不是自由裁量权;并增加政策的问责性、透明度和外部有效性。自 2008 年秋季以来,金融危机的加剧并不是因为英国政府放弃这些策略,而是协同努力将新工党发展的所有三个要素,尤其是银行和金融领域整合起来。

在许多方面,布莱尔领导下任务重新分配的焦点是赋予英格兰银行业务独立性。1998 年的《英格兰银行法案》被普遍认为是"经济政策制定的新起点",其理由主要有三点:第一,独立的中央银行提供低通胀;第二,此举将提高透明度,提高决策的可信度;第三,这种独立性将结束对货币政策制定的政治干预。与 1973—1974 年的次级银行危机后的时期相比,当财政部收回对央行利率的控制时,业务独立性保持不变。1998 年《英格兰银行法案》出台的新货币政策框架仍然有效,货币政策委员会(MPC)致力于实现政府 2% 的通胀目标。自 2009 年 3 月以来,利率一直保持在 0.5%,货币政策委员会的注意力一直集中在由中央银行货币融资的资产购买政策上——即所谓的量化宽松政策。2009 年 1 月成立的资产购买机制,实质上为货币政策提供了一个额外的工具。旨在通过购买国库券融资发行的资产来提高信贷市场的流动性,后来直接通过购买中央银行的货币,量化宽松代表着货币政策手段的转变,而不是政策基本目标的转变。到目前为止,已经购买了大约 3750 亿英镑的资产以恢复市场信心,并为经济秩序提供货币刺激。简言之,自金融危机以来,央行一直使用外汇储备(除了银行赚取的利率)直接作为货币政策的一种工具。因此,实施货币政策的框架在金融危机中幸存下来。央行职权和责任在金融稳定领域的革命性扩张,伴随着这种连续性因素。

1997 年 10 月,英国政府建立了一个三方框架(包括央行、财政部和金融服务管理局)来监管和维护英国的金融稳定。央行最初负责系统的稳定性,而金融服务管理局则负责监管个别银行和其他金融机构。2006 年的一份谅解备忘录进一步澄清了这一新出现的关系,表明央行的作用是"对作为一个整体的系统保持一种广泛的概览",并限制特定机构问题向金融体系其他部分蔓延的风险。然而正如金融危机所表明的那样,在金融领域没有权力的责任使央行无法按照 1997 年和 2006 年的协议行事。因此,在 2009 年银行业法案中建立了一个新制度,扩大了央行在规约中承担金融稳定责任的作用。2010 年 7 月,卡梅伦政府深化了央行在金融领域的责任,终于在 2012 年推出了一个新的金融监管框架。该方案认识到了三方机制在保护金融稳定方面的"失败",作为回应,不仅要让央行坚定地维护金融稳定,还要在危机威胁稳定的情况下领导如何应对。从本质上说,卡梅伦政府的反应基于两大支柱:一是,"将责任归还给英格兰银行,以监管金融体系的稳定";二是,建立三个新机构,"每个机构都有明确的职责、一个集中的职权范围和适当的工具以及灵活运用它们的能力"。

金融服务管理局对银行业务的监管职责被转移到一个新的监管机构——审慎监管局(PRA),该机构是英格兰银行的全资子公司。它建立在与货币政策委员会相似的基础上,由州长主持,含有五个内部成员、六个外部成员,每月举行两次正式会议。在实践中,审慎监管局负责对大约 1700 家银行、建筑协会、信用社、保险公司和主要投资公司的管理和监督。2014 年,又增加了一个新的次级目标——促进市场的有效竞争。尽管审慎监管可能不像货币政策那么吸引人,但审慎监管局的法律权力是广泛的,包括那些与企业授权、监管和执法权相关的权力。金融服务管理局用于消费者保护和商业经营的剩余职责目前归入了新的金融行为监管局(FCA)的职权范围,尽管该机构在央行体系外成立,但与审慎监管局一起工作。并且最重要的是,在央行内部建立了一个新的金融政策委员会(FPC),并在议会批准的情况下制定了拥有强大的宏观审慎工具的"宏观审慎政策"。虽然审慎监管局的创建是政府对央行信心的重要指标,但用保罗·费舍尔(Paul Fisher,央行执行理事)的话来说,FPC 才是"真正的突破",它是在类似于货币政策委员会的组织基础上,与 11 个有投票权的成员(5 个来自央行,并由州长担任主席)创建的。它有一个明确的意图,即在决策、发布会议记录和持异议的记录方面达成共识。

维持金融稳定的目标,远大于货币政策委员会承诺实现通货膨胀的目标。因此政府很清楚,金融政策委员会的决定必须独立于不当的政治影响而做出。事实上,这就是为什么金融政策委员会作为独立于财政部的一个央行权威机构,却被赋予了对金融服务业宏观审慎监管的责任。在这方面,正如斯坦利·菲舍尔(Stanley Fischer)强调的那样,金融政策委员会的结构能够确保央行在金融稳定方面几乎完全独立。与货币政策委员会一样,问责制和透明度问题摆在金融政策委员会议程的首位,并将委员会从财政大臣和财政部中分离出来,财政大臣和财政部的职责分别是决定公共资金的使用权和保证公众的知情权。

英国金融投资有限公司(UKFI)的延续——2008年11月由布朗政府成立——是在金融危机期间扩大去政治化策略的进一步证据。尽管苏格兰皇家银行、劳埃德银行、北石银行、布拉德福德宾利银行的"国有化"乍看之下似乎与去政治化的原则相矛盾,但收购的方式和有关股份的后续组织以及管理都与任务重新分配的主题完全一致。财政大臣阿利斯泰尔·达林(Alistair Darling)成立的英国金融投资有限公司,不是由财政部集中控制,而是作为一家独立公司"在独立和商业的基础上管理政府对金融机构的投资"。该公司的主要目标是制定和执行投资战略,以有序、积极的方式通过销售、赎回、回购或其他手段处理投资,在保护和创造纳税人作为股东价值的总体目标范围内,适当考虑维持金融稳定并以促进竞争的方式行事。政府无意成为英国金融机构的永久投资者,投资活动结束时,英国金融投资有限公司也将停业。在运作方面,英国金融投资有限公司被禁止干预被投资公司的日常事务,而框架文件强调,财政部不会干涉英国金融投资有限公司的运营和商业事务。因此,财政部的作用在很大程度上仅限于监控英国金融投资有限公司在其设定目标上的表现,并向财政大臣和议会报告业绩。

在继续偏好基于规则的策略和深化外部确认的承诺方面,在以达林在2009年11月提出的《财政责任评估方案》为基础的财政政策领域,已经采取了各种不同的措施。由于认识到布莱尔的"财政规则"缺乏稳健性,达林在2010年2月推动实行《财政责任法案》,该法案赋予财政部一项法定职责,即完成减少政府借款和债务的目标。作为《财政责任法案》的补充,联合政府在2010年5月以预算责任办公室(OBR)的形式成立了一个官方独立的财政监督机构。预算责任办公室并不是独立运作于财政政策。然而在预算责任办公室的角色和职责超出了国际货币基金组织规定的情况下，这就是提高政府的财政信誉度的关键。从本质上说，预算责任办公室提供了"预测和评论"，承诺在评估公共财政和经济时表现出"透明度、客观性和公正性"。在设立预算责任办公室时，奥斯本（Osborne）阐明了其三个主要职能：一是，提高英国财政框架的可信度和信心；二是，要"束缚财政大臣的手脚"，消除"篡改数字"的诱惑；三是，在审查、透明度和问责制方面处于国际最佳做法的前沿。

简而言之，在英国似乎有理由认为，在2008—2009年金融危机爆发之前、期间和之后，经济管理的形式有相当大的连续性。在最近的新自由主义危机爆发后，出现了两项重大发展，并且这两项发展都在原则上代表了一种继续去政治化策略的危机：一是，世界各地寻求在议程上讨论关于货币的本质、国家的性质以及在紧急情况下资本主义社会关系的道德性的反抗运动的发展；二是，人们普遍认识到，一些政府所认真推行的放任战略可能导致行政系统的瘫痪并加剧经济危机本身。

四、结论——去政治化策略的局限性和矛盾

对紧缩政策的抵制已涵盖了整个欧洲各种各样的行动，其中许多行动已蔓延到一个公认的不相干的对去政治化的批评中。从和平示威到静坐示威以及针对国家和市场机构的暴力，抗议者们采用了传统和创新的策略来挑战经济衰退。与反全球化运动和许多跨国社会运动一样，反削减运动也是一个多元化的联盟，有着一系列不同的目标。该团体中的一些成员倾向于在国际主义上采取民族主义的解决方案；一些成员则主张更大的公有制（无论是暂时或永久性的）和严格的金融监管，要求在金融领域互惠互利方面发挥更大的作用；还有一些成员则认为这次危机是为废除债务、加速废除资本主

义或(用右翼幌子)制止移民、减税和缩小政府规模的正当行动。除了右翼的大多数人,能让派系团结起来的是对"利润高于社会需要"的质疑和拒绝。这种情绪为抵制运动提供了一个焦点,因为很明显,未来几年的工人阶级将承受"经济调整"带来的冲击,而国家管理者们仍然执着于被许多人认为是一次失败的新自由主义实验。在英国,对"削减机器"的抵制是建立在对削减开支"必要性"的批评和对与银行救助相关的金融干预措施的认同上的。2010年公共部门净债务(不包括金融干预)约占 GDP 的 58%——在《马斯特里赫特条约》过度赤字 60%的规定范围内。占 GDP 的 58%,这与英国战后的债务相比并不过多,后者在 1946 年达到了 GDP 的 237%,并且在 1970 年之前一直保持在 60%以上。只有在进行财政干预的情况下, 债务数字才上升到GDP的 150%左右。政府一再声称,需要大幅削减开支以纠正工党政府的肆意挥霍。

欧洲周边冲突的升级(2010 年在西班牙、葡萄牙、比利时和爱尔兰等十多个欧洲国家爆发大规模反紧缩示威)意味着,国家管理者已经发现,越来越难以将新自由主义危机视为技术问题而非严重的社会危机。然而去政治化策略并没有被抛弃。博讷费尔德(Bonefeld)认为,在欧元区危机期间,各成员国为防止货币联盟崩溃而表现出的团结是巨大的:"以希腊为例, 在 2015年 7 月被驱逐的威胁下,对欧洲的承诺使其整个政治经济处于崩溃边缘,并导致了整个社会契约的重组。"在意大利(2011—2013)建立了技术官僚政府,在西班牙和葡萄牙(2011—2014)建立了正式的民族团结政府。简而言之,欧元危机确立了由欧元俱乐部组成的欧洲理事会的政治决策者的地位。它监督财政规则的加强和整个财政治理体系的强化,要求实现平衡预算,并要求成员国在提交到国家议会之前将预算提交给欧盟的评估员。

最终,在去政治化策略的政治矛盾方面,值得重申的是,"中立"战略的发展以及从"核心行政部门"手中重新分配任务,可能会给政府在实现某些目标方面带来严重问题。这一观点的最初形成与英国布莱尔政府有关,指出监管机构的建立不仅分裂治理,而且在考虑到较长的指挥链和中介机构的作用情况下还会允许监管者被监管所"捕获"。基于"用户参与/共享/归属"理念的政策,可能会使国家管理者们在无意中重新分配权力,并有可能出现潜在的政治化结果。从最初的反思到现在已有 15 年,很明显,这种特殊的政治矛盾已成为去政治化的最显著的遗留问题之一。在英国,使用全民公决来决定一系列宪法问题(投票制度、苏格兰独立、当然还有入欧)已经事与愿违,试图削弱对这些问题的支持,反而导致了政治层面的政治化浪潮,而国家的管理者们似乎无法平息这些问题。拥有超过 70 万名员工并在 2010 年获得了约 820 亿欧元政府资助的近 1000 个"半自治公共机构"的存在,似乎削弱了英国"核心行政部门"实现政策目标的能力。

不仅"更长的指挥链"给政府政策带来了问题(最明显的情况是,英国边境署在 2008 年成立了一个执行机构,并于 2013 年在英国内政事务委员会公布了一份不称职的目录后解散),而且任务的外包也使得政府无法达到诸如为英国脱欧做准备这样的主要目标,据报道,2016 年英国的公务员队伍是自二战以来规模最小的,并且需要招募"大量"新员工以启动贸易谈判。

新自由主义的危机并没有导致世界范围内大规模放弃去政治化策略。然而这场危机凸显了这种策略的局限性和矛盾性,并再次强调了资本与国家之间的密切关系。本文提出的问题强调,危机与国家之间的关系不应被理解为一种外部关系("经济"危机导致"政治"危机),而在于国家(及其政策)的发展需要在资本关系自身危机的背景下加以理解,"经济"和"政治"则是其中的一部分。这一框架反对过于简单化的假设,即经济危机必将在政治层面得到解决。因此不受制于科林·海伊(Colin Hay)的观点,即去政治化很容易陷入宿命论和功能主义。海伊认为,对于去政治化的理论家来说,消除"政治偶然性"是很容易的,因为他们认为"危机是,而且只能是以一种方式解决——通过对价值规律的强制性重新拼版"，而去政治化"不过是处理这种必要性的政治副作用的有效制度机制"。海伊的这一评论是能够有效提醒，对去政治化的过度确定性解读是有缺陷的。然而在本文中提出的构思反论式地强调"政治偶然性"高于一切，强调危机的结果不能从所谓的"资本要求"中被解读出来，而需要一个斗争的过程，这一过程并不仅是"经济"的形式，而且还需重新组织整个复杂的社会关系(国家是其中的一部分)。正如霍洛韦和皮乔托早就指出的那样，资本重组涉及国家与社会的关系重组的斗争，以及国家机构本身重组的斗争。这种对国家的重组不仅在数量上(在紧缩和削减方面)表现出来，也在国家的每一项活动和政策的重新制定和公共管理的改造上表现出来。作为资本社会关系方面的"政治"与"经济"之间的矛盾关系，为一种重组的实证性分析提供了理论基础。这种实证性分析强调，在国家重组的过程中去政治化策略是影响国家重组的一项重要因素。作为一种矛盾的社会形态，它既不能改变也无法消除其危机产生的性质。

(此文发表于《国外理论动态》2018年第5期，原题为《新自由主义、危机与去政治化的矛盾》，此处略有改动)

下一次经济危机:数字资本主义与全球警察国家*

　　跨国资本家和全球精英相信，世界经济已经从 2008 年金融危机中复苏,但有充分的理由相信,另一场重大危机即将来临。数字化和第四次工业革命技术正在推动新一轮的全球资本主义重组，然而它们也加剧了引发危机的潜在结构性条件,特别是过度累积。跨国投资者为全球资本主义的快速数字化投入了数十亿美元,作为其剩余积累资本的最新出路,并对冲他们对全球警察国家新投资机会的押注。全球警察国家的概念,使我们能够确定全球资本主义转型的经济维度如何以新的方式与这一转型的政治、思想和军事维度相交。全球资本主义对社会控制和镇压的政治需要和面对停滞时保持积累的经济需要是一致的。当下一次危机来临时,左派和抵抗力量必须能够抓住主动权,并在全球警察国家进行反击。

　　自 18 世纪工业革命以来,世界并没有经历过像 20 世纪 80 年代资本主义全球化所带来的那样迅速而深刻的变化。但是由数字化和第四次工业革命技术推动的下一轮转型能否避免另一场重大危机? 创纪录的企业利润、经济的复苏增长和对支持企业政策的猛烈抨击,尤其是美国的放松管制和倒退的税收改革,让国际货币基金组织(the International Monetary Fund)的技

---

　　* 原文作者[美]威廉·I.罗宾逊发表于《种族与阶级》(*Race & Class*)2019 年第 1 期,此为本书作者翻译的译文,该译文发表于《吉首大学学报》(社科版)2020 年第 2 期。。

术官员、主流经济学家和跨国资本家眼花缭乱、头晕目眩,使得他们都对世界经济已经从 2008 年灾难性的金融危机中复苏充满信心。

然而有充分的理由相信,另一场重大危机即将来临。引发 2008 年大萧条(从 20 世纪 30 年代以来最严重的经济危机)的基本结构条件依然存在,目前正在进行的基于数字化和军国化的全球经济新一轮重组,可能会进一步加剧这些问题。2008 年以来,随着各国政府最大限度地使用货币工具,尤其是后来被称为"量化宽松"(quantitative easing,基本上是印刷货币并将其作为信贷提供)、银行和企业救助的货币政策,同时伴随着消费债务的不断增加、一股投机投资浪潮(尤其是在高科技领域)和不断增加的金融投机活动,经济增长一直在缓慢向前发展。然而为了促进经济增长,现在中央银行的货币工具已经用光,债务驱动的消费已经达到了临界点。

长期以来,美国一直是全球经济的"最后交易市场"("market of last re-sort")。2017 年,美国家庭债务比战后所有历史时期都要高。美国家庭欠下近 13 万亿美元的学生贷款、信用卡债务、汽车贷款和抵押贷款。其中,随着信用还款拖欠率的连续上升,美国的信用卡债务在 2017 年达到了历史最高点 1.02 万亿美元。从 2008 年以来,所有经合组织(OECD)国家的收入与家庭债务的比率都保持历史高位,并且一直在不断恶化。全球债券市场——全球政府债务总额的一个指标——自 2008 年以来已经不断恶化,现在全球债务总额超过 100 万亿美元,而 2016 年达到惊人的 215 万亿美元。与此同时,随着金融投机逐渐失控,生产经济与"虚拟资本"("fictitious capital")之间的差距越来越大。2017 年,全球生产总值(即全球生产的商品和服务的总价值)约为 75 万亿美元,仅货币投机就达到了 5.3 万亿美元/天,全球衍生品市场估计高达令人难以置信的 12 万亿美元。

除了债务驱动的消费和金融投机之外,跨国投资者为全球资本主义的快速数字化投入了数十亿美元,作为其剩余积累资本的最新出路,并对冲他们对全球警察国家新投资机会的押注。正如威廉·I.罗宾逊将在下面更详细地讨论的,全球警察国家涉及三个相互关联的发展。首先,由统治集团推动的更加无所不在的大众社会控制、镇压和战争系统,以该系统用来控制已经发生的和潜在的全球工人阶级和剩余人类的反抗。其次,全球经济本身是如何越来越多地建立在这些战争、社会控制和镇压系统的发展和部署上的,而这些系统只是作为一种在停滞面前获利和持续积累资本的手段——威廉·I.罗宾逊称之为军事化积累(militarised accumulation),或是通过镇压而积累(accumulation by repression)。最后,向政治制度的不断发展,这里所说的政治制度可以被描述为 21 世纪的法西斯主义。

但令人怀疑的是,这些膨胀的全球经济部门能否使世界资本主义体系避免另一场灾难性的危机。一场新的危机可能是由股市泡沫的爆发(特别是在高科技行业),家庭或公共债务的违约,或新的国际军事冲突的爆发引发的。跨国精英中有远见的人越来越担心全球经济的脆弱性和长期停滞的幽灵。世界银行(World Bank)和美国财政部官员拉里·萨默斯(Larry Summers)在 2016 年警告称,全球经济"长期停滞",已经"进入未经勘探的、危险的领域"。然而这些精英们还没有准备好应对全球经济不景气的更大背景,即资本主义难以解决的过度积累问题。

一、过度积累:资本主义的致命弱点

收入和财富的两极分化是资本主义特有的现象,因为资产阶级拥有生产财富的手段,因此尽可能地从社会集体生产的财富中获取利润。如果资本家不能出售(或"卸载")他们种植园、工厂和办公室的产品,那么他们就不能盈利。如果不加以控制,那么不断扩大的社会两极分化就会导致危机——停滞、衰退、萧条和社会动荡。周期性危机,或称衰退,在资本主义体系中大约每 10 年发生一次,通常持续大约 18 个月。20 世纪 80 年代初、90 年代初和 21 世纪初出现了经济衰退。由于摆脱危机的唯一途径是重组体制,所以所谓的结构性危机大约每 40 到 50 年发生一次。新一波殖民主义和帝国主义解决了第一次有记录的 19 世纪 70 年代和 19 世纪 80 年代的结构性危机。下一次结构性危机,即 20 世纪 30 年代的大萧条,是通过一种新的再分配资本主义来解决的,这种资本主义被称为"阶级妥协"("class compromise")的福特主义-凯恩斯主义(Fordism–Keynesianism)、社会民主、新政资本主义(New Deal capitalism)等。

资本通过走向全球来应对 20 世纪 70 年代的下一次结构性危机。20 世纪 80 年代与计算机和信息技术(Computer and Information Technology,以下简称 CIT)兴起相关的技术革命本身,就是资本家对 60 年代和 70 年代过度积累、利润率下降以及组织良好的工人阶级和社会运动危机的反应。这些技术允许资本走向全球,也允许资本重组工作场所,减少了对大量集中的和组织良好的工人的依赖,从而外包和创造灵活的工人,进而建立更有利的资本劳动关系。从 20 世纪 80 年代开始,一个新兴的跨国资产阶级(transnational capitalist Class,以下简称 TCC)促进了世界经济的大范围的新自由主义重组、贸易自由化和一体化。20 世纪末,随着社会主义国家进入全球市场,作为资本的全球经济经历了一次繁荣,摆脱了民族国家的束缚,在世界范围内释放出新一轮的巨大积累。通过收购私有化资产、在数亿人从农村迁出后扩大采矿和农业工业投资,以及由 CIT 革命推动的新一轮工业扩张,TCC 在新兴的全球一体化生产和金融体系中释放盈余并恢复盈利。通过紧缩、救助、企业补贴、政府债务和全球债券市场,公共政策得到了重新配置,政府直接和间接地将财富从劳动人民手中转移到 TCC 手中。

但是通过将资本从国家层面的再分配中解放出来,作为对社会两极分化趋势的一种抵消,全球化导致了前所未有的全球不平等,这种不平等不仅没有减少，而且自 2008 年大萧条（the 2008 Great Recession）以来以惊人的速度加剧。根据乐施会发展署（the development agency oxfam）的数据，2016 年仅占世界人口 1% 的人竟拥有世界一半以上的财富，20% 的人竟拥有 94.5% 的财富，其余 80% 的人却只拥有 4.5%。鉴于收入和财富的极端两极分化，全球市场无法吸收全球经济的产出。大萧条标志着一场新的过度积累的结构性危机的开始。公司现在现金充裕，但他们没有机会投资出这些现金。2008 年金融危机后，公司利润大幅上涨，在公司投资下降的同时，利润已接近历史新高。2017 年，美国最大的公司持有 1.01 万亿美元的未兑现现金。

随着这些未投资的资本的积累，巨大的压力逐渐积聚起来，以找到释放盈余的渠道。美国的特朗普主义（Trumpism）反映了对全球危机的一种极右反应。这里所说的全球危机涉及独裁的新自由主义，它动员工人阶级中不满的、通常是激进主义者的新法西斯分子。然而这种压制性的新自由主义最终进一步限制了市场，从而加剧了过度积累的潜在危机。面对"长期停滞"（"secular stagnation"），TCC 已转向两个相互交织的出路以卸载盈余。一种是军事化的积累，或通过镇压的积累。毒品和恐怖主义的虚假战争、边境墙的修建、监狱工业区的扩建、驱逐制度、警察、军队和其他安全设施，都是国家组织的营利活动的主要来源。1998 年至 2011 年期间，美国国防预算实际增长了 91%，而在此期间，国防工业利润几乎翻了两番。

全球资本主义对社会控制和镇压的政治需要和面对停滞时保持积累的经济需要在这里趋同。抛开特朗普兜售战争的不断升级的言辞外，还有一种内在的对当前资本主义全球化进程的推动。历史上，战争使资本主义制度摆脱了危机，同时也转移了人们对政治紧张和合法性问题的注意力。现在，这场战争的驱动力正朝着通过数字化实现新一轮世界资本主义重组的致命结合迈进。

二、全球资本主义的数字化

另一个释放过剩积累资本的渠道是近年来新一波的金融投机，尤其是在估值过高的科技领域。技术部门——包括计算机和电子产品制造、电信、数据处理、托管和其他信息服务、平台、计算机系统设计和相关服务——现在处于资本主义全球化的前沿，并正在推动整个全球经济的数字化。卡尔·马克思（Karl Marx）和弗雷德里克·恩格斯（Frederick Engels）在《共产党宣言》（*The Communist Manifesto*）中宣称，在资本主义所造成的令人眼花缭乱的变革步伐下，"一切坚不可摧的都烟消云散了"。现在，世界经济正处于另一个大规模重组时期的边缘。技术变革通常与资本主义危机和社会政治动荡的周期有关。重组的核心是以更先进的信息技术为基础的数字经济和数据的收集、处理、分析，以及数字化在全球社会各个方面的应用，包括战争和镇压。

自 20 世纪 80 年代以来，第一代资本主义全球化涉及全球一体化生产和金融体系的建立，而最近，数字化和"平台"（"platforms"）的兴起促进了服务业的迅速跨国化。平台是指能够使两组或更多组交互的数字基础设施。随着经济活动对平台依赖程度的扩大，技术部门对全球资本主义的战略地位越来越高。联合国（United Nations）数据显示，2015 年企业所得税商品的贸易额超过 2 万亿美元，同时，2010 年至 2015 年企业所得税服务的出口额增长了 40%。2015 年，企业所得税商品和服务的生产占全球 GDP 的 6.5%，企业所得税服务部门雇用了 1 亿人。此外，全球电子商务销售额达到 25 万亿美元，有 3.8 亿人在海外网站上购物。到 2017 年，服务约占世界总产值的 70%，包括通信、信息科学、数字和平台技术、电子商务、金融服务、专业和技术工作，以及许多其他非有形产品，如电影和音乐。数字化和服务的跨国化——

与全球金融化相联系——已成为全球资本主义议程的中心。

数字经济的兴起对资本主义发展和危机周期的早期，尤其是 20 世纪 70 年代的衰退、20 世纪 90 年代的繁荣、2000—2001 年的网络泡沫和全球衰退，以及 2008 年的全球金融危机及其后果作出了重要的反应。面对经济停滞，科技部门已成为非投资资本的一个新的主要出路。对 IT 部门的投资从 70 年代的 170 亿美元跃升到 1990 年的 1750 亿美元，然后在 2000 年达到 4960 亿美元。在世纪之交的互联网泡沫破灭之后投资下降，在 2008 年之后才攀升到新的高度，在 2017 年接近尾声时投资超过 7000 亿美元。

物质商品包含越来越多的由数据驱动的知识。政治学家尼克·斯尼克（Nick Srnicek）在其《平台资本主义》（*Platform Capitalism*）一书中评论道："随着制造业盈利能力的长期下降，资本主义已经转向数据，作为在生产部门低迷的情况下保持经济增长和活力的一种方式。"平台已经成为一种新的商业模式，用斯尼克的话说，"能够提取和控制大量数据"。一些美国的科技公司生产、提取和处理数据，已经从急需新投资机会的金融家那里吸收了大量现金。2017 年，苹果（Apple）持有 2620 亿美元的储备，微软（Microsoft）持有 1330 亿美元，谷歌母公司（Alphabet）持有 950 亿美元，思科（Cisco）持有 580 亿美元，甲骨文（Oracle）持有 660 亿美元，等等。

这种数字化能否解决过度积累和停滞的长期问题？科技部门积累的巨额现金储备和利润，与其说是创造新价值，不如说是数字资本家通过租金占有剩余价值的最大份额。作为中间人，平台介入价值的生产和流通，并将价值的主要部分剥离出来。这有助于了解领先的数字和平台公司的发展状况。2017 年，美国科技公司的市值最高。苹果以 7300 亿美元的市值位居第一，谷歌以 5810 亿美元位居第二，微软以 4970 亿美元位居第三，伯克希尔·哈撒韦（Berkshire Hathaway，拥有苹果、国际商业机器 IBM 和其他科技公司的主要股份）以 4330 亿美元位居第四，亚马逊（Amazon）以 4020 亿美元位居第五,脸书(Facebook)以 3980 亿美元位居第六。相比之下,最近的工业公司埃克森美孚(Exxon Mobile)的市值为 3440 亿美元。领先的数字公司越来越寄生。几乎所有谷歌和苹果的收入都来自广告,而优步（Uber）和爱彼迎(Airbnb)则从司机、房主及其客户的劳动力和资源中获取了价值。

数字化的核心是一场新的技术发展浪潮,它将我们带到了第四次工业革命(4th industrial revolution)的边缘,这场革命的基础是机器人技术、3D 打印、物联网(the Internet of Things)、人工智能(AI)和机器学习、生物和纳米技术、量子和云计算、新形式的能源存储,以及自动驾驶车辆。虽然推动这场新革命的技术部门仅占世界总产值的一小部分,但数字化将影响整个全球经济,从制造业、金融业到服务业,以及正规和非正规部门。企业现在在业务的各个方面都依赖于数字通信和数据。如果要保持竞争力,数据就越来越成为企业的核心资源,并已成为与全球经济相关的所有流程的核心,从控制和外包工人、生产流程的灵活性、全球金融流、全球供应链的协调、分包和外包、记录保存、营销和销售,以及到战争和镇压。

另外, 全球资本主义的普遍数字化加速了相对剩余价值高于绝对剩余价值的优势。它允许 TCC 发展新的方式,组织并从工人中提取相对剩余价值,因为它适合社会的"普遍知识"("general knowledge")。为当前统治秩序辩护的人士声称,数字经济将带来高技能、高薪的工作,并解决社会两极分化和停滞的问题。但一切都表明了截然相反的情况:数字经济将加速更大规模就业不足的趋势,同时伴随着不稳定和随意的就业形式。我们将会看到全球经济主要部门的数字毁灭。任何东西都可以数字化,这几乎就是一切。自动化现在正从工业和金融领域扩展到服务业的所有分支机构, 甚至扩展到快餐业和农业领域,因为 TCC 成员寻求降低工资并相互竞争。甚至有望取代许多专业工作,如律师、财务分析师、医生、记者、会计师、保险承保人和图书管理员。世界经济论坛(World Economic Forum)的创始人和主席克劳斯·施瓦布(Klaus Schwab)等估计,美国一半的就业机会都有被自动化的危险,就业机会的破坏将以比资本主义早期工业技术革命期间经历的这种转变的更快的速度发生。

在美国,自 2005 年以来就业岗位的净增长几乎完全是不稳定的,并且通常是低工资的工作岗位。亚马逊拥有 23 万名员工和数万名季节性员工,因其仓库和物流网络中的恶劣劳动条件而臭名昭著,被称为"低工资工作的未来"(与此同时,亚马逊首席执行官杰夫·贝佐斯 Jeff Bezos 于 2017 年成为世界上最富有的人,净资产超过 1000 亿美元,其中亚马逊数千名员工需要食品券来维持生计)。事实上,数字化生产旨在降低工资、资本和管理费用,最终达到耐克公司(the Nike Corporation)所说的"将劳动力从产品中挤出"。值得注意的是, 美国劳动力市场在 2005 年至 2015 年期间增加了 910 万个就业岗位,其中包括 940 万个不稳定的就业岗位,因此自 2005 年以来,就业岗位的净增长仅限于这些不稳定的工作安排。苹果公司于 2011 年在北卡罗来纳州(North Carolina)建立了一个价值 10 亿美元的数据中心,它仅创造了50 个全职职位。在菲律宾(Philippines),10 万名外包员工每月通过搜索谷歌、脸书等社交媒体和云存储上的内容来删除攻击性图片,赚取几百美元。然而他们也无法被数字技术取代,世界各地数百万的呼叫中心、数据录入和软件工作者,以及他们在制造业和其他服务业工作的同行也一样。

归根结底,数字化以技术取代劳动力,将成本降到零。资本主义的所有矛盾都加剧了。利润率下降,认识问题更加严重。因此,新兴的数字经济不能解决过度积累的问题。TCC 在哪里可以继续卸载不断增加的盈余累计资本?对全球警察国家的投资能否解决资本主义的困境?

三、数字战争与全球警察国家

在 2008 年金融危机之后，威廉·I.罗宾逊把注意力转向了理论化"全球警察国家"(global police state)的概念，作为威廉·I.罗宾逊对全球经济危机研究的一部分。威廉·I.罗宾逊突然想到，新的社会控制和镇压方式正与另一轮世界经济结构调整交织在一起，这两次调整都被作为对危机的回应，在某种程度上我们以前从未见过。"全球警察国家"的概念能够使人们确定全球资本主义转型的经济维度是如何以新的方式与这一转型的政治、思想和军事维度相交的。重申一下，全球警察国家是指三个相互关联的发展。第一，统治集团推动的更加无所不在的大众社会控制、镇压和战争系统，以遏制全球工人阶级和剩余人类的已发生的和潜在的反抗。第二，全球经济本身是如何越来越多地建立在这些战争、社会控制和镇压系统的发展和部署上的，而这些系统只是作为一种在停滞面前获利和持续积累资本的手段——威廉·I.罗宾逊称之为军事化积累(militarised accumulation)，或是通过镇压的积累(accumulation by repression)。第三，向政治制度的不断发展，这里所说的政治制度可以描述为 21 世纪的法西斯主义，甚至在更广泛的意义上，是极权主义(totalitarian)。

随着数字化集中了资本、加剧了两极分化、增加了剩余劳动力的数量，统治阶层转而将新技术应用于大众社会控制和镇压，以应对已发生的和潜在的反抗。CIT 彻底改变了战争和国家组织的暴力形式。通过更先进的数字化，新的战争和镇压系统成为可能，包括人工智能自主武器，如无人攻击和运输车辆、机器人士兵、新一代"超级无人机"("superdrones")和"飞行机器人"("flybots")、高超音速武器、固定微波枪、网络攻击和信息战、生物识别、国家数据挖掘和全球电子监视，允许跟踪和控制每一个动作。国家数据挖掘和全球电子监视正在把冲突的战场从活跃的战区扩大到世界各地的军事化城市和农村地区。这些措施与空间重组相结合,允许新形式的空间遏制和边缘化的控制。积累和社会控制的双重功能,在民间社会的军事化和军事与民间应用先进武器(跟踪、安全和监视系统)的交叉中发挥出来。其结果是对反抗社区(尤其是受种族压迫、种族迫害和其他脆弱的社区)的长期的低强度战争。

简而言之,数字化允许建立一个全球警察国家。军事积累的循环强制开放了全球资本积累的机会,无论是在军事力量之后,还是通过国家向跨国公司资本承包社会控制和战争的生产和执行。因此,世界各地的冲突的产生、社会运动和对弱势群体的镇压成为一种积累战略,与政治目标相结合,甚至可能超过这些目标(见下文)。这种永久性的全球战争包括低强度和高强度的战争、"人道主义任务"("humanitarian missions")、"禁毒行动"("drug inter-diction operations")、"反犯罪扫荡"("anti-crime sweeps")、非法移民围捕等。军事化的积累和通过镇压的积累——已经是全球资本主义的一个核心部分——可能会变得越来越重要,因为它与新的第四次工业革命技术融合在一起,不仅作为保持控制的手段,而且作为防止经济崩溃的累积盈余的出路。

新闻头条充斥着每日军事化积累和镇压积累的例子。美国对移民的战争提供了一个教科书式的例子。唐纳德·特朗普(Donald Trump)在2016年11月选举获胜后的第二天,美国最大的以营利为目的的移民拘留和监狱公司(Corrections Corporation of America,简称CCA,后来更名为核心公民 Core Civic)的股价飙升了40%,因为特朗普承诺驱逐数百万移民。2016年早些时候,CCA首席执行官达蒙·希尼格(Damon Hiniger)报告称,由于"联邦伙伴对移民和海关的要求强于预期,尤其是移民和海关执法部门的要求",第一季度收入增加了5%,原因是中美洲(Central America)移民妇女和儿童逃离暴力事件的拘留不断升级。另一家领先的私人监狱和移民拘留公司,地理组

(Geo Group)的股价在特朗普政权的头几个月里翻了 3 倍(该公司为特朗普的就职捐助了 25 万美元,然后获得了 1.1 亿美元的合同,在加州建立了一个新的移民拘留中心)。来自世界各地的数百家私营企业竞购特朗普臭名昭著的美–墨边境墙(US–Mexico border wall)。反移民战争的每一阶段都已成为一个盈利来源,从医疗、食品、电话系统等移民拘留中心内的服务,到驱逐出境制度的其他辅助活动,例如政府签订私人包机合同,将被驱逐出境者送回家。在经济层面上,这场战争为消除过剩开辟了新的途径,而在政治和意识形态层面上,它使移民成为工人阶级中向下流动的、不成比例的白人阶层不满的替罪羊。同时,考虑到像 CCA 和地理组集团这样的公司在华尔街证券交易所(the Wall Street stock exchange)交易,来自世界各地的投资者可以买卖他们的股票,以这种方式在移民镇压中发展股份,即使不是完全独立的,也相当于这场镇压的更为明确的政治和意识形态目标。

同样,滑稽的"反恐战争"("war on terrorism")也意味着通过军事化和镇压来实现全球积累的巨大计划。雷声公司(Raytheon)和洛克希德马丁公司(Lockheed Martin)等军事承包商报告说,每当中东(Middle East)冲突爆发时,都会出现盈利高峰。在 2017 年 4 月 6 日美国战斧导弹轰炸叙利亚(Syria)后的几个小时内,建造这些导弹的雷声公司报告称其股票价值增加了 10 亿美元。正如对移民的战争一样,我们在"反恐战争"中看到私人积累与国家军国化的日益融合。2002 年至 2016 年,全球前 100 强武器制造商和军事服务公司的武器销售额增长了 38%。这些全球前 100 强企业(不包括中国)在 2016 年出售了 3750 亿美元的武器,创造了 600 亿美元的利润,雇用了 300 多万名工人。此外,私人军事和安全(即雇佣兵)公司在 2014 年的支出超过 2000 亿美元,雇用了大约 1500 万人。虽然黑水建设集团(Blackwater-Constellis Groups)和杰富仕(G4S)是最有名的,但五角大楼(the Pentagon)从世界各地承包了大约 150 家这样的公司,仅在伊拉克提供支持和安全行动。

四、跨国资产阶级与 21 世纪法西斯主义

因此,引发战争、镇压和跨国社会控制系统都移到了全球经济的核心。围绕金融投机和军事积累的结合, 全球警察国家和数字经济的兴起似乎融合了三部分资本,TCC 正在将数十亿美元的剩余积累资本转移到这三个部分。金融资本为技术部门和全球警察国家的技术投资提供信贷。科技公司开发和提供新的数字技术,这些技术现在对全球经济至关重要。自从 2013 年美国国家安全局(NSA)告密者爱德华·斯诺登(Edward Snowden)出面以来,就有一股关于大型科技公司与美国和其他国家政府串通建设一个全球警察国家的丑闻。军事工业安全综合设施应用这些技术,因为它已成为通过控制和镇压反抗人群来卸载过剩并获利的出路。通过镇压强制排斥和积累的机制包括,大规模监禁和监狱工业综合体的蔓延,普遍的警务,反移民立法和驱逐制度,关于毒品、帮派和青年的战争,涉及城市军事化的边界以及其他遏制墙等。以新的方式对空间的操纵确保了封闭社区和贫民区都由私人保安部队、技术先进的监控系统和通常是准军事化的警务部队控制。所有这些都意味着与"热战"("hot wars")和反叛乱一起的长期的低强度战争。随着私人积累与国家军事化的融合,硅谷(Silicon Valley)和华尔街(Wall Street)的命运与战争和镇压的命运紧密相连。

此外, 文化产业和国家意识形态设备也被动员用到全球资本主义的非人道主义的受害者身上,使其成为危险、堕落和文化退化的受害者。在这方面,大众传媒和娱乐业成为全球警察国家的一部分。全球资本主义的文化试图强加一种枯燥的统一性,麻木感官,安抚和削弱任何批判性思维的能力,将每一种思想都纳入资本主义系统的逻辑中。从这个意义上说,它完全是极权主义的。文化产业融入全球警察国家,美化军国化,并使统治体制的威权

主义合法化。例如,从 2005 年到 2016 年,美国军方和情报机构影响了 800
多部主要的电影和 1000 多部电视节目,使好莱坞(Hollywood)成为一个强大
的战争和镇压宣传机器。军事和情报机构影响过的电影和电视节目的名单
简直是惊人的,从几十部好莱坞大片,如《壮志凌云》(*Top Gun*)、《风语者》
(*Windtalkers*)、《军官与绅士》(*An officer and a Gentleman*)、《杂牌军东征》
(*Stripes*)、《独立日》(*Independence Day*)、《侏罗纪公园》(*Jurassic Park*)、《黑鹰
坠落》(*Blackhawk Down*)、《猎杀红色十月》(*The Hunt for Red October*)、《爱
国者游戏》(*Patriot Games*)、《詹姆斯·邦德》(*the James Bond Series*)、《绿巨
人》(*Hulk*)、《变形金刚》(*Transformers*)、《拜见岳父大人》(*Meet the Parents*),
到《美国有天赋》(*America's Got Talent*)、《奥普拉》(*Oprah*)、《海军犯罪调查
局》(*NCIS*)、《杰伊·雷诺》(*Jay Leno*)等一系列电视节目,再到由美国公共广
播电视公司(PBS)、英国国家广播公司(the BBC)和历史频道(the History
Channel)等播出的众多纪录片。

数字化将越来越多的工人投入到剩余人类的等级队伍中,这与资本主
义系统需要卸载越来越多的累积盈余的矛盾之间存在着一个危险的螺旋。
一旦长期甚至永久性地不再需要大量人民,就会出现如何控制这种扩大的
剩余人类群众的政治问题。对于那些设法在不稳定的就业和过度剥削的新
体制下获得工作的人,以及那些被驱逐并获得盈余的人,都需要更严格的纪
律。整个社会秩序受到监视,国家和私人监视系统现在能够监视世界的任何
角落和任何不能被小心隐藏的交易。作为 21 世纪法西斯主义的一个项目,
全球秩序作为一个整体变得越来越压抑和专制。美国和以色列(Israel)等国
家的城市、政治和文化的军事化,北美和欧洲新法西斯运动的蔓延,土耳其
(Turkey)、菲律宾和洪都拉斯(Honduras)独裁政权的崛起,都与这些国家卷
入全球战争、军事化全球积累或全球战争经济的网络密不可分。

法西斯主义,无论其古典的 20 世纪形式或可能的变种 21 世纪的新法

西斯主义，是对"资本主义危机的一种特殊反应"。美国的特朗普主义（Trumpism）、英国的脱欧（Brexit）、新法西斯和独裁政党以及欧洲和世界各地的运动日益增强的影响，都是对全球资本主义危机的极右翼反应。20 世纪30 年代在德国、意大利和西班牙掌权的法西斯主义项目，以及像在美国等未能成功夺取政权的法西斯主义项目，都是以粉碎强大的工人阶级和社会主义运动为基本目标。但在美国、欧洲和其他地方，左派和有组织的工人阶级处于历史性的弱势。在这些情况下，21 世纪的法西斯主义似乎是对工人阶级的"先发制人"（pre-emptive）的打击，是对在全球警察国家扩张中而掀起的大规模抵抗的打击。21 世纪法西斯主义的中心目标是"强制排除"（coercive exclusion）剩余人类。各国放弃努力确保这一过剩人口的合法性，转而将穷人和被剥夺者定为刑事犯罪，在某些情况下倾向于种族灭绝。

21 世纪的法西斯主义项目试图在历史上享有特权的全球工人阶级中建立一个群众基础，例如全球北部（the Global North）的白人工人和全球南部（the Global South）的中产阶级，他们正经历着高度的不安全和向下流动的危险。正如其 20 世纪的前身一样，该法西斯主义项目的关键在于心理社会机制，在美国和欧洲发生严重的资本主义危机之际，消除对移民工人、穆斯林（Muslims）和难民等群体的普遍恐惧和焦虑。极右势力通过排外、迷惑涉及种族/文化至上主义的意识形态、理想化和神话化的过去、千禧年主义以及军国主义和男子气概的文化（使战争、社会暴力和统治正常化，甚至美化战争、社会暴力和统治）来做到这一点。

在德国和意大利，20 世纪的古典法西斯主义的确为工人阶级的一部分提供了一些物质利益——就业和社会工资——尽管它对所选群体之外的人发动了种族灭绝。现在在美国或其他地方，提供这种福利的可能性很小，因此"法西斯主义的工资"（wages of fascism）似乎完全是心理上的。在这方面，21 世纪法西斯主义的意识形态建立在非理性之上—— 一种承诺，提供安全和恢复稳定,这是感性的,而不是理性的。这是一个不需要区分真相和谎言的项目。例如,特朗普政权关于民粹主义和民族主义的公开言论与它的实际政策没有任何关系。在他执政的第一年,特朗普经济(Trumponomics)涉及放松管制——实际上是对监管国家的粉碎——削减社会开支、废除福利国家的剩余资产、私有化、对公司和富人的税收减免,以及扩大国家对资本的补贴。简而言之,是新自由主义的类固醇。

五、结　语

20世纪70年代资本主义的结构性危机使世界走上了新自由主义全球化的道路。2000年互联网泡沫破灭,世界陷入衰退。2008年房地产泡沫的破裂引发了自20世纪30年代以来最严重的危机。一切都表明,全球经济正走向新的危机,可能是由于技术泡沫的破裂,也可能是由于连锁反应的债务违约。下一次重大危机可能会巩固数字经济与全球警察国家的融合,而没有一个由大规模动员和下层民众斗争迫使系统改变的过程。

这里没有讨论自2008年危机以来在世界各地蔓延的全球起义的地方,从占领华尔街(Occupy Wall Street)、黑命贵(Black Lives Matter)、移民权利运动和美国达科他州的管道抗议(the Dakota Access Pipeline protests),到欧洲的波德莫斯(Podemos)和锡里扎(Syriza)、阿拉伯之春(the Arab Spring)、棚屋居民运动(the Shack Dwellers Movement)和南非的其他穷人运动、智利学生运动(the Chilean student movement)和印度的工人群众斗争。其中一些,如阿拉伯之春运动,已经发生了悲惨的转变,而极右势力也能够调动群众的不满情绪。然而我们必须记住,跨国资本的独裁是被动的。正是全球资本主义霸权的日益瓦解促使TCC施加了越来越强的强制性和压制性的统治形式。当下一次危机来临时,左派和抵抗力量必须能够抓住主动权,并在全球警察国家进行反击。反过来,这必须通过一项分析,例如本来希望在这里介绍的当前全球资本主义政治和经济结构调整的过程。

(此文发表于《吉首大学学报》(社科版),2020 年第 2 期,原题为《下一次经济危机:数字资本主义与全球警察国家》,此处略有改动)

参考文献

一、著 作

(一)经典文献

1.《马克思恩格斯全集》(第 1 卷),人民出版社,1956 年。

2.《马克思恩格斯全集》(第 2 卷),人民出版社,1957 年。

3.《马克思恩格斯全集》(第 7 卷),人民出版社,1959 年。

4.《马克思恩格斯全集》(第 19 卷),人民出版社,1963 年。

5.《马克思恩格斯选集》(第二卷),人民出版社,1995 年。

6.《马克思恩格斯选集》(第三卷),人民出版社,1995 年。

7.《马克思恩格斯选集》(第四卷),人民出版社,1995 年。

8.《列宁全集》(第 28 卷),人民出版社,1990 年。

9.《列宁选集》(第三卷),人民出版社,1995 年。

10.《列宁选集》(第四卷),人民出版社,1995 年。

11.《毛泽东选集》(第一卷),人民出版社,1991 年。

12.《邓小平文选》(第二卷),人民出版社,1994 年。

13.《邓小平文选》(第三卷),人民出版社,1993年。

14.江泽民:《论党的建设》,中央文献出版社,2001年。

15.《习近平谈治国理政》(第一卷),外文出版社,2018年。

16.《习近平谈治国理政》(第二卷),外文出版社,2017年。

17.习近平:《摆脱贫困》,福建人民出版社,1992年。

18.习近平:《之江新语》,浙江人民出版社,2007年。

19.习近平:《干在实处,走在前列》,中共中央党校出版社,2006年。

20.习近平:《知之深爱之切》,河北人民出版社,2015年。

21.中共中央文献研究室编:《十八大以来重要文献选编》(中),中央文献出版社,2016年。

22.本书编写组编:《学习贯彻中共中央政治局八项规定资料文件汇编》,中国方正出版社,2013年。

23.中央文献研究室编:《论群众路线——重要论述摘编》,中央文献出版社、党建读物出版社,2013年。

24.中共中央宣传部编:《习近平总书记系列重要讲话读本》,人民出版社,2014年。

25.中共中央宣传部编:《习近平总书记系列讲话重要讲话读本(2016年版)》,人民出版社,2016年。

26.中共中央编译局编译:《共产党宣言》,人民出版社,1997年。

27.中共中央文献研究室编:《习近平关于党风廉政建设和反腐败斗争论述摘编》,中央文献出版社,2015年。

28.中共中央文献研究室编:《毛泽东思想年编(1921—1975)》,中央文献出版社,2011年。

29.中央党校编:《习近平党校十九讲(内部使用)》,中共中央党校出版社,2015年。

(二)学术专著

1.[美]戴维·伊斯顿:《政治生活的系统分析》,王浦劬等译,华夏出版社,1989年。

2.[美]弗朗西斯·福山:《历史的终结及最后的人》,毛俊杰译,中国社会科学出版社,2003年。

3.[德]哈贝马斯:《交往与社会进化》,张博树译,重庆出版社,1989年。

4.[美]亨廷顿:《变革社会中的政治秩序》,王冠华译,上海人民出版社,2008年。

5.胡鞍钢:《民主决策:中国集体领导机制》,中国人民大学出版社,2014年。

6.胡鞍钢:《民主决策:中国集体领导机制》,中国人民大学出版社,2014年。

7.胡鞍钢:《中国集体领导体制》,中国人民大学出版社,2013年。

8.[美]科恩:《论民主》,聂崇信、朱秀贤译,商务印书馆,1994年。

9.[美]罗伯特·达尔:《多头政体》,刘惠荣译,商务印书馆,2003年。

10.[德]马克斯·韦伯:《论经济与社会中的法律》,张乃根译,中国大百科全书出版社,1998年。

11.毛寿龙:《政治社会学》,中国社会科学出版社,2001年。

12.[美]乔万尼·萨托利:《民主新论》,冯克利译,东方出版社,1993年。

13.沈传亮:《决策中国:改革开放以来中共决策体制的历史演进》,人民大学出版社,2014年。

14.石仲泉等:《中共八大史》,人民出版社,1998年。

15.[荷兰]斯宾诺莎:《神学政治论》,温锡增译,商务印书馆,1963年。

16.王浦劬:《政治学基础》,北京大学出版社,2006年。

17.王绍光:《民主四讲》,生活·读书·新知三联书店,2008年。

18.王治河:《福柯》,湖南教育出版社,1999年。

19.辛向阳:《19世纪西方民主理论论析》,山东人民出版社,2013年。

20.辛向阳:《20世纪西方民主理论论析》,山东人民出版社,2011年。

21.[美]熊彼特:《资本主义、社会主义与民主》,吴克峰等译,商务印书馆,1999年。

二、期刊文章

1.程同顺、杨倩:《当前中国的民粹主义》,《江苏社会科学》,2016年第3期。

2.郭小安、朱梦莹:《网络民粹主义的话语特征及动员逻辑》,《天津行政学院学报》,2015年第2期。

3.郭中军:《警惕网络民粹主义来袭》,《社会观察》,2009年第12期。

4.洪向华:《试论政治系统的合法性基础》,《理论探讨》,2007年第2期。

5.刘小龙:《当前中国网络民粹主义思潮的演进态势及其治理》,《探索》,2017年第04期。

6.刘小龙:《网络民粹主义的内涵、张力与特征》,《探索》,2016年第5期。

7.骆郁廷:《论意识形态安全视域下的文化话语权》,《思想理论教育导刊》,2014年第4期。

8.毛跃:《论社会主义核心价值观的国际话语权》,《浙江社会科学》,2013年第7期。

9.秦廷华:《"中国式民主"要有自己的民主话语权》,《理论探讨》,2009年第10期。

10.人民论坛问卷调查中心:《2010—2014社会思潮动向调查分析报告》,《人民论坛》,2015年第1期。

11.人民论坛问卷调查中心:《2015 中外十大思潮》,《人民论坛》,2016 年第 3 期。

12.人民论坛问卷调查中心:《2016 国内外重大思潮》,《人民论坛》,2017 年第 1 期。

13.陶文昭:《论民主实现形式的多样化》,《探索与争鸣》,2011 年第 10 期。

14.佟德志:《解读民粹主义》,《国际政治研究》,2017 年第 2 期。

15.王长江:《民主是良好政治生态的要见》,《探索与争鸣》,2015 年第 6 期。

16.吴海燕:《邓小平人民民主思想的理论与实践》,《马克思主义理论研究》,2003 年第 6 期。

17.俞可平:《民主是个好东西》,《理论参考》,2007 年第 9 期。

18.俞可平:《现代化进程中的民粹主义》,《战略与管理》,1997 年第 1 期。

19.张传鹤:《怎样在意识形态斗争中赢得民主话语权》,《光明日报》,2013 年 12 月 11 日。

20.张飞岸:《正视中国民主实践,构建民主话语权》,《马克思主义研究》,2015 年第 7 期。

21.张国军:《民主话语权:意识形态之争的新战场》,《社会主义研究》,2012 年第 6 期。

22.张国祚:《关于"话语权"几点思考》,《求是》,2009 年第 9 期。

23.郑杭生:《学术话语权与中国社会学发展》,《中国社会科学》,2011 年第 2 期。

24.郑曙村:《渐进式民主背景下我国民主发展的"内卷化"及其突破研究》,《济南大学学报》(社会科学版),2015 年第 1 期。

25.郑曙村:《中国共产党执政合法性的转型及其路径选择》,《文史哲》,2005 年第 1 期。

三、报纸文章

1.习近平:《共同构建人类命运共同体》,《人民日报》,2017年1月20日。

2.习近平:《毫不动摇坚持和完善人民代表大会制度坚持走中国特色社会主义政治发展道路》,《人民日报》,2014年9月6日。

3.习近平:《紧紧依靠各族干部群众共同团结奋斗 建设团结和谐繁荣富裕文明进步安居乐业的社会主义新疆》,《人民日报》,2014年5月1日。

4.习近平:《决胜全面建成小康社会 夺取新时代中国特色社会主义伟大胜利——在中国共产党第十九次全国代表大会上的报告》,《人民日报》,2017年10月28日。

5.习近平:《牢记历史经验历史教训历史警示 为国家治理能力现代化提供有益借鉴》,《人民日报》,2014年10月14日。

6.习近平:《切实把思想统一到党的十八届三中全会精神上来》,《求是》,2014年第1期。

7.习近平:《始终与人民心相印共甘苦——中共中央总书记习近平在十八届中央政治局常委与中外记者见面时讲话 》,《人民论坛》,2012年第33期。

8.习近平:《谈谈调查研究》,《学习时报》,2011年11月21日。

9.习近平:《推进人民政协理论创新制度创新工作创新推进社会主义协商民主广泛多层制度化发展》,《人民日报》,2014年9月22日。

10.习近平:《习近平在中共中央政治局第二十九次集体学习时强调:大力弘扬爱国主义精神 为实现中国梦提供精神支柱》,《人民日报》,2015年12月31日。

11.习近平:《依法治藏富民兴藏长期建藏 加快西藏全面建成小康社会步伐》,《人民日报》,2015年8月26日。

12.习近平:《在北京大学师生座谈会上的讲话》,《人民日报》,2018 年 5 月 3 日。

13.习近平:《在党的十九届一中全会上的讲话》,《求是》,2018 年第 1 期。

14.习近平:《在第十二届全国人民代表大会第一次会议上的讲话》,《人民日报》,2013 年 3 月 18 日。

15.习近平:《在纪念陈云同志诞辰 110 周年座谈会上的讲话》,《人民日报》,2015 年 6 月 13 日。

16.习近平:《在纪念孙中山先生诞辰 150 周年大会上的讲话》,《人民日报》,2016 年 11 月 12 日。

17.习近平:《在纪念中国人民抗日战争暨世界反法西斯战争胜利 69 周年座谈会上的讲话》,《人民日报》,2014 年 9 月 4 日。

18.习近平:《在欧美同学会成立 100 周年庆祝大会上的讲话》,《人民日报》,2013 年 10 月 22 日。

19.习近平:《在庆祝全国人民代表大会成立 60 周年大会上的讲话》,《人民日报》,2014 年 9 月 6 日。

20.习近平:《在庆祝中国共产党成立 95 周年大会上的讲话》,《人民日报》,2016 年 7 月 2 日。

21.习近平:《在庆祝中华人民共和国成立 65 周年招待会上的讲话》,《人民日报》,2014 年 10 月 1 日。

22.习近平:《在十二届全国人民代表大会第一次会议上的讲话》,《人民日报》,2013 年 3 月 18 日。

23.习近平:《在文艺工作座谈会上的讲话》,《人民日报》,2015 年 10 月 15 日。

24.习近平:《在哲学社会科学工作座谈会上的讲话》,《人民日报》,2016 年 5 月 18 日。

25.习近平:《在中国文联十大、中国作协九大开幕式上的讲话》,《人民日报》,2016 年 12 月 1 日。

26.习近平:《扎实做好保持党的纯洁性各项工作》,《求是》,2012 年第 6 期。

27.习近平:《准确把握和抓好我国发展战略重点 扎实把"十三五"发展蓝图变为现实》,《人民日报》,2016 年 1 月 31 日。

28.《习近平向奥巴马阐述中国对民主主权理解》,《京华时报》,2014 年 11 月 15 日。

29.《习近平在第十二届全国人民代表大会第一次会议上的讲话》,《人民日报》,2013 年 3 月 18 日。

30.《习近平在庆祝全国人民代表大会成立 60 周年大会上的讲话》,《人民日报》,2014 年 9 月 6 日。

31.《习近平在庆祝中国人民政治协商会议成立 65 周年大会上的讲话》,《人民日报》,2014 年 9 月 22 日。

32.《习近平在中共中央政治局第二十九次集体学习时强调 大力弘扬爱国主义精神 为实现中国梦提供精神支柱》,《人民日报》,2015 年 12 月 31 日。

33.《党的十八大以来习近平总书记国内考察全纪实》,《人民日报》,2017 年 10 月 9 日。

34.《积极借鉴我国历史上优秀廉政文化 不断提高拒腐防变和抵御风险能力》,《人民日报》,2013 年 4 月 21 日。

35.《你不爱国的样子,真丑!》,《人民日报》,2018 年 10 月 15 日。

36.《王岐山会见出席"2015 中国共产党与世界对话会"外方代表》,《人民日报》,2015 年 9 月 10 日。

37.《习近平总书记的文学情缘》,《人民日报》,2016 年 10 月 14 日。

38.《以认真学习贯彻习近平新时代中国特色社会主义思想 坚定维护以习近平同志为核心的党中央权威和集中统一领导 全面贯彻落实党的十九大

各项决策部署情况为主题进行对照检查》,《人民日报》,2017 年 12 月 27 日。

39.《中华人民共和国反间谍法(2014 年 11 月 1 日第十二届全国人民代表大会常务委员会第十一次会议通过)》,《人民日报》,2014 年 11 月 13 日。

后　记

人民民主是社会主义的生命，必须要坚定不移地在中国共产党的领导下建设具有中国特色的社会主义民主政治。而今，伴随着中国综合实力的不断增强、国际影响力的不断提高，实现以"富强、民主、文明、和谐"为国家层面目标的中华民族伟大复兴的中国梦就显得尤为重要和迫切。高度发达的中国特色社会主义民主梦是中国梦的重要组成部分和突出表现形式，因此，实现中国梦就必须要实现高度发达的具有中国特色社会主义的民主梦。本书的出版亦希望能为读者带来些许思路或灵感。

在此，感谢曲阜师范大学马克思主义学院、政治学院的老师们，尤其是郑曙村老师，提了许多宝贵的建议。感谢民主政治研究领域内的学者同人，他们的著作和文章使我们受益匪浅，在研究和写作过程中吸收和借鉴了他们的不少观点和见解。感谢天津人民出版社的领导和武建臣编辑的辛勤工作。

尽管力图贯彻学术性与思想性、历史性与逻辑性相结合的原则，但受限于理论水平和写作能力，书中难免存在缺失，敬请斧正！

作　者

2023 年 12 月 28 日